Tucholsky Wagner Zola Scott Sydow Freud Schlegel
Turgenev Fonatne

Twain Wallace
Walther von der Vogelweide Fouqué Friedrich II. von Preußen
Weber Freiligrath Frey
Fechner Fichte Weiße Rose von Fallersleben Kant Ernst Frommel
Fehrs Richthofen
Hölderlin
Engels Fielding Eichendorff Tacitus Dumas
Fehrs Faber Flaubert
Eliasberg Ebner Eschenbach
Feuerbach Maximilian I. von Habsburg Fock Eliot Zweig
Ewald Vergil
Goethe Elisabeth von Österreich London
Mendelssohn Balzac Shakespeare Dostojewski Ganghofer
Trackl Lichtenberg Rathenau Doyle Gjellerup
Stevenson Hambruch
Mommsen Tolstoi Lenz Droste-Hülshoff
Thoma Hanrieder
Dach Verne von Arnim Hägele Hauff Humboldt
Reuter Rousseau Hagen Hauptmann
Karrillon Garschin Gautier
Defoe Hebbel Baudelaire
Damaschke Descartes
Hegel Kussmaul Herder
Wolfram von Eschenbach Dickens Schopenhauer
Bronner Darwin Melville Grimm Jerome Rilke George
Campe Horváth Aristoteles Bebel Proust
Bismarck Vigny Barlach Voltaire Federer Herodot
Gengenbach Heine
Storm Casanova Tersteegen Gilm Grillparzer Georgy
Chamberlain Lessing Langbein Gryphius
Brentano
Strachwitz Claudius Schiller Lafontaine
Bellamy Schilling Kralik Iffland Sokrates
Katharina II. von Rußland Gerstäcker Raabe Gibbon Tschechow
Löns Hesse Hoffmann Gogol Wilde Gleim Vulpius
Luther Heym Hofmannsthal Klee Hölty Morgenstern
Roth Goedicke
Luxemburg Heyse Klopstock Kleist
Puschkin Homer Mörike
Machiavelli La Roche Horaz Musil
Kierkegaard Kraft Kraus
Navarra Aurel Musset
Nestroy Marie de France Lamprecht Kind Kirchhoff Hugo Moltke
Laotse Ipsen Liebknecht
Nietzsche Nansen
Marx Ringelnatz
von Ossietzky Lassalle Gorki Klett Leibniz
May vom Stein Lawrence
Petalozzi Irving
Platon Knigge
Sachs Poe Pückler Michelangelo Kock Kafka
Liebermann Korolenko
de Sade Praetorius Mistral Zetkin

Der Verlag tredition aus Hamburg veröffentlicht in der Reihe **TREDITION CLASSICS** Werke aus mehr als zwei Jahrtausenden. Diese waren zu einem Großteil vergriffen oder nur noch antiquarisch erhältlich.

Symbolfigur für **TREDITION CLASSICS** ist Johannes Gutenberg (1400 — 1468), der Erfinder des Buchdrucks mit Metalllettern und der Druckerpresse.

Mit der Buchreihe **TREDITION CLASSICS** verfolgt tredition das Ziel, tausende Klassiker der Weltliteratur verschiedener Sprachen wieder als gedruckte Bücher aufzulegen – und das weltweit!

Die Buchreihe dient zur Bewahrung der Literatur und Förderung der Kultur. Sie trägt so dazu bei, dass viele tausend Werke nicht in Vergessenheit geraten.

Von weltlicher Obrigkeit

Martin Luther

Impressum

Autor: Martin Luther
Umschlagkonzept: toepferschumann, Berlin

Verlag: tredition GmbH, Hamburg
ISBN: 978-3-8424-1190-6
Printed in Germany

Martin Luther

Von weltlicher Obrigkeit, wie weit man ihr Gehorsam schuldig sei

(1523)

[WA 11, 246] Ich habe früher ein Büchlein an den deutschen Adel geschrieben und angezeigt, was sein christliches Amt und Werk sei. Aber wie sie sich danach gerichtet haben, liegt genügend vor Augen. Darum muß ich meinen Fleiß anders anwenden und nun schreiben, was sie auch lassen und nicht tun sollen, und hoffe, sie werden sich ebenso (wenig) danach richten, wie sie sich nach jenem gerichtet haben, auf daß sie ja Fürsten bleiben und nimmer Christen werden. Denn Gott der Allmächtige hat unsere Fürsten toll gemacht, daß sie nicht anders meinen, sie könnten tun und ihren Untertanen gebieten, was sie nur wollen, (und die Untertanen irren auch und glauben, sie seien schuldig, dem allem zu folgen), so ganz und gar, daß sie nun angefangen haben, den Menschen zu gebieten, Bücher von sich zu tun, zu glauben und zu halten, was sie vorgeben. Damit vermessen sie sich, sich auch in Gottes Stuhl zu setzen und die Gewissen und den Glauben zu meistern und nach ihrem tollen Gehirn den heiligen Geist zur Schule zu führen. Dennoch verlangen sie, man dürfe es ihnen nicht sagen und solle sie noch gnädige Junker nennen.

Sie schreiben und lassen (Gebots-)Zettel ausgehen, der Kaiser habs geboten (was sie verlangen), und wollen christliche, gehorsame Fürsten sein, gerade, als wäre es ihr Ernst, und als ob man den Schalk hinter ihren Ohren nicht merke. Denn wir sollten wohl sehen: wenn ihnen der Kaiser ein [247] Schloß oder eine Stadt nähme oder sonst etwas, was ihnen nicht recht wäre, wie fein sie sich finden sollten, daß sie dem Kaiser widerständen und nicht gehorsam zu sein brauchten. Nun es aber gilt, den armen Mann zu schinden und ihren Mutwillen an Gottes Wort zu büßen, muß es kaiserlichen Gebotes Gehorsam heißen. Solche Leute nannte man vorzeiten Buben, jetzt muß man sie christliche, gehorsame Fürsten nennen. Wollen dennoch niemand zu Gehör oder zur Verantwortung (für sein Verhalten) kommen lassen, wie sehr man sich auch erbietet; was ihnen doch ein ganz unerträglich Ding wäre, wenn der Kaiser oder jemand anders mit ihnen so verführe. Das sind jetzt die Fürsten, die das Kaisertum in deutschen Landen regieren; darum muß es auch in allen Landen so fein zugehen, wie wir es denn sehen.

Weil denn solcher Narren Wüten zur Vertilgung christlichen Glaubens, Verleugnung göttlichen Wortes und zur Lästerung göttlicher Majestät gereicht, will und kann ich meinen ungnädigen Herrn und zornigen Junkern nicht länger zusehen, muß ihnen zum wenigsten mit Worten Widerstand leisten. Und habe ich ihren Götzen, den Papst, nicht gefürchtet, der mir die Seele und den Himmel zu nehmen droht, muß ich auch zeigen, daß ich seine Schuppen und Wasserblasen nicht fürchte, die mir den Leib und die Erde zu nehmen drohen. Gott gebe, daß sie zürnen müssen, bis die grauen Röcke vergehen, und helfe uns, daß wir vor ihrem Drohen ja nicht sterben. Amen.

Aufs erste müssen wir das weltliche Recht und Schwert gut begründen, daß nicht jemand daran zweifle, es sei durch Gottes Willen und Ordnung in der Welt. Die Sprüche aber, die sie begründen, sind diese: Rom. 13,1–2:»Jedermann sei Untertan der Obrigkeit, die Gewalt über ihn hat. Denn es ist keine Obrigkeit ohne von Gott; wo aber Obrigkeit ist, die ist von Gott verordnet. Wer sich nun der Obrigkeit widersetzt, der widerstrebt Gottes Ordnung; die aber widerstreben, werden über sich ein Urteil empfangen«, ferner 1. Petr. 2, 13–14:»Seid Untertan aller menschlichen Ordnung, es sei dem König, als dem Obersten, oder den Statthaltern, als die von ihm gesandt sind zur Strafe für die Übeltäter und zu Lobe den Rechtschaffenen.«

Auch ist das Recht dieses Schwertes von Anfang der Welt an gewesen. Denn da Kain seinen Bruder Abel erschlug, fürchtete er sich so sehr, man würde ihn wieder töten, daß [248] Gott ein besonderes Verbot darauf legte und das Schwert um seinetwillen aufhob und niemand ihn töten sollte (1. Mose 4, 14 f.). Diese Furcht hätte er nicht gehabt, wenn er nicht von Adam gesehen und gehört hätte, daß man die Mörder töten sollte. Darüber hinaus hats Gott mit ausdrücklichen Worten nach der Sintflut wiederum eingesetzt und bestätigt, da er 1. Mose 9, 6 sagt:»Wer Menschenblut vergießt, dessen Blut soll auch durch Menschen vergossen werden.« Das kann nicht als eine von Gott über die Mörder verhängte Plage und Strafe verstanden werden. Denn viele Mörder bleiben durch Buße oder Gunst lebendig und sterben nicht durchs Schwert. Sondern es wird vom Recht des Schwertes gesagt: daß (danach) ein Mörder des Todes schuldig ist und man ihn mit Recht durchs Schwert töten solle. Wenn nun das Recht verhindert oder das Schwert säumig sein würde, so daß der Mörder eines natürlichen Todes stirbt, ist deshalb die Schrift nicht falsch, wenn sie sagt: Wer Menschenblut vergießt, des Blut soll durch Menschen vergossen werden. Denn es ist der Menschen Schuld oder Verdienst, daß solch Recht, von Gott befohlen, nicht ausgerichtet wird, sowie auch andere Gebote Gottes übertreten werden.

Danach ists auch durchs Gesetz des Mose bestätigt worden, 2. Mose 21, 14: »Wer jemand mutwillig tötet, den sollst du von meinem Altar wegreißen, daß er getötet werde«, und daselbst abermals (V. 23–25): »Leben um Leben, Auge um Auge, Zahn um Zahn, Hand um Hand, Fuß um Fuß, Brandmal um Brandmal, Beule um Beule, Wunde um Wunde.« Darüber hinaus bestätigt es Christus auch, da er zu Petrus im Garten Gethsemane sagt: »Wer das Schwert nimmt, der soll durchs Schwert umkommen« (Matth. 26, 52), was ebenso wie das Wort 1. Mose 9, 6 zu verstehen ist: »Wer Menschenblut vergießt« usw. Ohne Zweifel deutet Christus mit diesem Wort darauf hin und führt denselben Spruch damit ein und will ihn bestätigt haben. So lehrt auch Johannes der Täufer. Als die Kriegsknechte ihn fragten, was sie tun sollten, sagte er (Luk. 3, 14): »Tut niemand Gewalt noch Unrecht, und lasset euch genügen an eurem Solde.« Wäre das Schwert nicht ein göttlicher Stand, sollte er sie abtreten heißen, sintemal er das Volk vollkommen machen und recht christlich unterweisen sollte. So ist es gewiß und klar genug, wie es Gottes Wille ist, das weltliche Schwert und Recht zu handhaben zur Strafe der Bösen und zum Schutz der Frommen.

Aufs zweite: Dagegen spricht nun mächtig, was Christus Matth. 5, 38–41 sagt: »Ihr habt gehört, daß da gesagt ist: >Auge um Auge, Zahn um Zahn<. Ich aber sage euch, daß ihr nicht widerstreben sollt dem Übel; sondern wenn dir jemand einen Streich gibt auf deine rechte Backe, dem biete die andere auch dar. Und wenn jemand mit dir rechten will [249] und deinen Rock nehmen, dem laß auch den Mantel. Und wenn dich jemand nötigt eine Meile, so gehe mit ihm zwei« usw. Ebenso Paulus Röm, 12, 19: »Rächet euch selber nicht, meine Lieben, sondern gebet Raum dem Zorn Gottes; denn es steht geschrieben: die Rache ist mein, ich will vergelten, spricht der Herr«; ferner Matth. 5, 44: »Liebet eure Feinde, tut wohl denen, die euch hassen«, sowie 1. Petr. 3, 9: »Vergeltet nicht Böses mit Bösem oder Scheltwort mit Scheltwort« usw. Diese und dergleichen Sprüche scheinen jedenfalls deutlich zu sagen, daß die Christen im Neuen Testament kein weltliches Schwert haben sollten.

Deshalb sagen auch die Sophisten, Christus habe des Mose Gesetz damit aufgehoben, und machen aus solchen Geboten »Räte« für die »Vollkommenen« und teilen die christliche Lehre und Stand in zwei Teile: Einen nennen sie den »vollkommenen«, dem eignen sie solche Räte zu, den anderen den »unvollkommenen«, dem eignen sie die Gebote zu. Sie tun das aus lauter eigener Vermessenheit und Mutwillen ohne jede Begründung aus der Schrift und sehen nicht, daß Christus an demselben Ort seine Lehre so nachdrücklich gebietet, daß er auch das Kleinste nicht aufgelöst haben will, und die zur Hölle verdammt, die ihre Feinde nicht liebhaben. Deshalb müssen wir anders davon reden, so daß Christi Worte für jedermann bestimmt bleiben, er sei »vollkommen« oder »unvollkommen«. Denn Vollkommenheit und Unvollkommenheit besteht nicht in Werken, macht auch keinen besonderen äußerlichen Stand unter den Christen, sondern besteht im Herzen, in Glauben und Liebe, so daß wer mehr glaubt und liebt, der ist vollkommen, er sei äußerlich ein Mann oder Weib, Fürst oder Bauer, Mönch oder Laie. Denn Liebe und Glaube machen keine Sekten noch äußerlichen Unterschiede.

Aufs dritte: Hier müssen wir Adams Kinder und alle Menschen in zwei Teile teilen: die ersten zum Reich Gottes, die andern zum Reich der Welt. Die zum Reich Gottes gehören, das sind alle Rechtgläubigen in Christus und unter Christus. Denn Christus ist der König und Herr im Reich Gottes, wie Psalm 2, 6 und die ganze Schrift sagt. Und er ist auch dazu gekommen, daß er das Reich Gottes anfinge und in der Welt aufrichtete. Deshalb sagt er auch vor Pilatus (Joh. 18, 36, 37): »Mein Reich ist nicht von dieser Welt, sondern wer aus der Wahrheit ist, der höret meine Stimme«; und führt immer im Evangelium das Reich Gottes an und sagt (Matth. 3, 2): »Tut Buße, denn das Himmelreich ist nahe herbeigekommen!«, weiter (Matth. 6, 33): »Trachtet am ersten nach dem Reich Gottes und nach seiner Gerechtigkeit«, und nennet auch das Evangelium ein Evangelium des Reiches Gottes, deshalb, weil es das Reich Gottes lehrt, regiert und erhält.

Nun siehe, diese Menschen bedürfen keines weltlichen Schwerts noch Rechts. Und wenn alle Welt rechte Christen, das ist rechte Gläubige wären, so wäre kein Fürst, König, [250] Herr, Schwert noch Recht notwendig oder von Nutzen. Denn wozu sollts ihnen dienen? Dieweil sie den heiligen Geist im Herzen haben, der sie

9

lehrt und macht, daß sie niemand Unrecht tun, jedermann lieben, von jedermann gerne und fröhlich Unrecht leiden, auch den Tod. Wo nichts als Unrechtleiden und nichts als Rechttun ist, da ist kein Zank, Hader, Gericht, Richter, Strafe, Recht noch Schwert nötig. Deshalb ists unmöglich, daß unter den Christen weltlich Schwert und Recht zu schaffen finden sollte, sintemal sie viel mehr von selbst tun, als alle Rechte und Lehre fordern könnten. Gleichwie Paulus 1. Tim. 1, 9 sagt:»Dem Gerechten ist kein Gesetz gegeben, sondern den Ungerechten.«

Warum das? Deshalb, weil der Gerechte von sich selbst aus alles und mehr tut, als alle Rechte fordern. Aber die Ungerechten tun nichts Rechtes, darum bedürfen sie des Rechts, das sie lehre, zwinge und dringe, recht zu tun. Ein guter Baum bedarf keiner Lehre noch Rechtsvorschriften, daß er gute Früchte trage, sondern seine Natur ergibts, daß er ohne alles Recht und Lehre trägt, wie seine Art ist. Denn der sollte mir ein gar närrischer Mensch sein, welcher einem Apfelbaum ein Buch voller Gesetze und Rechtsvorschriften mache, wie er Äpfel und nicht Dornen tragen sollte, da er das aus eigener Natur besser tut, als ers mit allen Büchern beschreiben und gebieten kann. Ebenso sind alle Christen durch den Geist und Glauben von Natur aus in allen Dingen so geartet, daß sie gut und recht tun, mehr als man sie mit allen Gesetzen lehren kann, und bedürfen für sich selbst keines Gesetzes noch Rechts.

So sagst du denn: Warum hat denn Gott allen Menschen so viele Gesetze gegeben und lehrt Christus im Evangelium auch viel zu tun? Davon hab ich in der Postille und anderswo viel geschrieben. Jetzt aufs kürzeste: 1. Tim. 1, 9 sagt Paulus, das Gesetz sei um der Ungerechten willen gegeben, das ist, daß diejenigen, die nicht Christen sind, durchs Gesetz äußerlich von bösen Taten abgehalten werden, wie wir hernach hören werden. Nun aber kein Mensch von Natur Christ oder fromm ist, sondern sie allzumal Sünder und böse sind, wehret ihnen Gott allen durchs Gesetz, daß sie ihre Bosheit nicht äußerlich mit Werken nach ihrem Mutwillen zu üben wagen. Dazu gibt Paulus dem Gesetz noch ein Amt (Röm. 7, 7 und Gal. 3, 24), daß es die Sünden erkennen lehrt, damit es den Menschen zur Gnade und zum Glauben Christi demütigt. Ebenso tut Christus auch hier Matth. 5, 39, da er lehrt, man solle dem Übel nicht widerstehen, womit er das Gesetz erklärt und lehrt, wie ein rechter Christ beschaffen sein solle und müsse, wie wir weiter hören werden.

[251] Aufs vierte: Zum Reich der Welt oder unter das Gesetz gehören alle, die nicht Christen sind. Denn sintemal wenige glauben und der kleinere Teil sich nach christlicher Art hält, daß er dem Übel nicht widerstrebe, ja daß er nicht selbst Übel tue, hat Gott denselben außer dem christlichen Stand und Gottes Reich ein anderes Regiment verschafft und sie unter das Schwert geworfen, so daß sie, wenn sie gleich gerne wollten, ihre Bosheit doch nicht tun können, und wenn sie es tun, daß sie es doch nicht ohne Furcht, noch mit Friede und Glück tun können. (Das geschieht) ebenso wie man ein wildes, böses Tier mit Ketten und Banden fesselt, daß es nicht nach seiner Art beißen noch reißen kann, obwohl es gerne wollte, während ein zahmes, kirres Tier dessen doch nicht bedarf, sondern ohne Ketten und Bande dennoch unschädlich ist.

Denn wo das nicht wäre, sintemal alle Welt böse und unter Tausenden kaum ein rechter Christ ist, würde eines das andere fressen, daß niemand Weib und Kind aufziehen, sich nähren und Gott dienen könnte, wodurch die Welt wüste würde. Deshalb hat Gott die zwei Regimente verordnet: das geistliche, welches durch den heiligen Geist Christen und fromme Leute macht, unter Christus, und das weltliche, welches den Unchristen und Bösen wehrt, daß sie gegen ihren Willen äußerlich Friede halten und still sein müssen. So deutet Paulus das weltliche Schwert Rom, 13, 3 und sagt, es sei nicht für die guten, sondern für die bösen Werke zu fürchten. Und Petrus sagt (1. Petr. 2, 14), es sei zur Strafe für die Übeltäter gegeben.

Wenn nun jemand die Welt nach dem Evangelium regieren und alles weltliche Recht und Schwert aufheben und vorgeben wollte, sie wären alle getauft und Christen, unter welchen das Evangelium kein Recht noch Schwert haben will, (bei denen es) auch nicht nötig ist: Lieber, rate, was würde der machen? Er würde den wilden, bösen Tieren die Bande und Ketten auflösen, daß sie jedermann zerrissen und zerbissen, und daneben vorgäben, es waren feine, zahme, kirre Tierlein. Ich würde es aber an meinen Wunden wohl fühlen (was sie in Wirklichkeit sind). So würden die Bösen unter dem christlichen Namen die evangelische Freiheit mißbrauchen, ihre Büberei treiben und sagen, sie seien Christen und keinem Gesetz noch Schwert unterworfen, wie jetzt schon etliche toben und närrisch behaupten.

Diesen muß man sagen; ja freilich ists wahr, daß Christen um ihrer selbst willen keinem Recht noch Schwert Untertan sind, noch seiner bedürfen; aber siehe zu und mach die Welt zuvor voll rechter Christen, ehe du sie christlich und evangelisch regierst. Das wirst du aber nimmermehr tun, denn die Welt und die Menge sind und bleiben Unchristen, ob sie gleich alle getauft (sind) und Christen heißen. Aber [252] die Christen wohnen, wie man sagt, fern voneinander. Deshalb ists in der Welt nicht möglich, daß ein christliches Regiment sich über alle Welt erstrecke, ja, nicht einmal über ein Land oder eine große Menge. Denn der Bösen sind immer viel mehr als der Frommen. Ein ganzes Land oder die Welt mit dem Evangelium zu regieren sich unterfangen, das ist deshalb ebenso, als wenn ein Hirt in einen Stall Wölfe, Löwen, Adler, Schafe zusammentäte und ein jegliches frei neben dem andern laufen ließe und sagte: Da weidet und seid rechtschaffen und friedlich untereinander, der Stall steht offen, Weide habt ihr genug, Hunde und Keulen braucht ihr nicht zu fürchten. Hier würden die Schafe wohl Frieden halten und sich friedlich so weiden und regieren lassen, aber sie würden nicht lange leben, noch würde ein Tier vor dem andern bleiben.

Deshalb muß man diese beiden Regimente mit Fleiß voneinander scheiden und beides bleiben lassen: eines, das fromm macht, das andere, das äußerlich Frieden schaffe und bösen Werken wehret. Keines ist ohne das andere genug in der Welt. Denn ohne Christi geistliches Regiment kann niemand vor Gott fromm werden durchs weltliche Regiment. Ebenso erstreckt sich Christi Regiment nicht über alle Menschen, sondern allezeit sind der Christen am wenigsten, und sind sie mitten unter den Unchristen. Wo nun weltlich Regiment oder Gesetz allem regiert, da muß eitel Heuchelei sein, wenns auch gleich Gottes Gebote selbst wären, Denn ohne den heiligen Geist im Herzen wird niemand recht fromm, er tue so feine Werke wie er kann. Wo aber das geistliche Regiment allein über Land und Leute regiert, da wird der Bosheit der Zaum los und aller

Büberei Raum gegeben, denn die ganze Welt kanns nicht annehmen noch verstehen.

Da siehst du, worauf Christi Worte gerichtet sind, die wir oben aus Matth. 5, 39 berichtet haben, daß die Christen nicht streiten, noch das weltliche Schwert unter sich haben sollen. Eigentlich sagt ers nur seinen lieben Christen. Die nehmens allein auch an und tun auch danach, sind im Herzen durch den Geist so beschaffen, daß sie niemand übel tun und von jedermann willig Übel leiden. Wenn nun alle Welt Christen wären, so gingen diese Worte alle Menschen an und täten sie danach. Nun sie aber Unchristen sind, gehen sie die Worte nichts an, und sie tun auch nicht so, sondern gehören unter das andere Regiment, da man die Unchristen äußerlich zum Frieden und zum Guten zwingt und nötigt.

Deshalb hat auch Christus kein Schwert geführt, hat auch in seinem Reich keines eingesetzt. Denn er ist ein König über Christen und regiert ohne Gesetz allein durch seinen heiligen Geist. Und obwohl er das Schwert bestätigt, hat ers doch nicht gebraucht. Denn es dient nicht zu seinem Reich, wo nichts als Fromme drinnen sind. Deshalb durfte David vorzeiten nicht den Tempel bauen, weil er viel Blut [253] vergossen und das Schwert geführt hatte. Nicht daß er Unrecht daran getan hätte, sondern weil er nicht Christi Abbild sein konnte, der ohne Schwert ein friedsam Reich haben sollte. Sondern Salomo mußte es tun, das heißt auf deutsch »Friedreich« oder »Friedsam«, der ein friedsames Reich hatte, damit das rechte friedsame Reich Christi, des rechten Friedreich und Salomo damit im voraus angezeigt werden könnte. Ferner: »am ganzen Bau des Tempels hörte man nie ein eisernes Werkzeug«, sagt der Text (1. Kön. 6, 7), alles deshalb, weil Christus ohne Zwang und Nötigung, ohne Gesetz und Schwert, ein freiwilliges Volk haben sollte.

Das meinen die Propheten Ps. 110, 3: »Dein Volk wird dir willig folgen« und Jes. 11, 9: »Man wird nirgends Sünde tun noch freveln auf meinem ganzen heiligen Berge« und Jes. 2, 4: »Da werden sie ihre Schwerter zu Pflugscharen und ihre Spieße zu Sicheln machen. Denn es wird kein Volk wider das andere das Schwert erheben, und sie werden hinfort nicht mehr lernen, Krieg zu führen« usw. Wer diese und dergleichen Sprüche überall da anwenden wollte, wo (in der Welt) Christi Name genannt wird, der würde die Schrift ganz verkehren; sondern sie sind allein von den rechten Christen gesagt, die tun untereinander bestimmt so.

Aufs fünfte. Hier wendest du ein: Wenn denn die Christen weder des weltlichen Schwertes noch Rechts bedürfen, warum sagt denn Paulus Röm. 13, 1 zu allen Christen: »Jedermann sei Untertan der Obrigkeit, die Gewalt über ihn hat?« und 1. Petr. 2, 13: »Seid Untertan aller menschlichen Ordnung« usw., wie oben erzählt ist? Antwort: Jetzt hab ichs gesagt, daß die Christen untereinander und bei sich und für sich selbst keines Rechts noch Schwerts bedürfen; denn es ist ihnen nicht nötig noch von Nutzen, Aber weil ein rechter Christ auf Erden nicht sich selbst, sondern seinem Nächsten lebt und dient, so tut er der Art seines Geistes entsprechend auch das, dessen er nicht bedarf, sondern was seinem Nächsten von Nutzen und nötig ist. Nun das Schwert aber aller Welt ein großer nötiger Nutzen ist, daß Friede erhalten, Sünde gestraft und den Bösen gewehrt werde, so ergibt er sich aufs allerwilligste unter des Schwertes Regiment, zahlt Steuern, ehrt die Obrigkeit, dient, hilft und tut alles, was er kann, das der Gewalt förderlich ist, auf daß sie im Schwang und in Ehren und Furcht erhalten werde; obwohl er nichts davon für sich bedarf, noch es ihm nötig ist. Denn er sieht danach, was andern von Nutzen und gut ist, wie Paulus Eph. 5, 21 ff. lehrt.

Ebenso tut er auch alle andern Werke der Liebe, deren er nicht bedarf. Denn er besucht die Kranken nicht deshalb, damit er selbst davon gesund werde. Er speist niemand, weil er selbst der Speise bedürfe. Ebenso dient er auch der [254] Obrigkeit nicht, weil er ihrer bedürfe, sondern die andern, daß sie beschützt und die Bösen nicht ärger werden. Denn es geht ihm nichts daran ab, und solcher Dienst schadet ihm nichts und bringt doch der Welt großen Nutzen. Und wo ers nicht täte, so handelte er nicht als ein Christ, dazu gegen die Liebe, gäbe auch den anderen ein böses Beispiel, die auch ebenso keine Obrigkeit leiden wollten, obgleich sie Unchristen wären. Damit entstände dann dem Evangelium eine Lästerung, als lehrte es Aufruhr und machte eigensinnige Leute, die niemand von Nutzen noch zu Dienst sein wollten, während es doch einen Christen zu jedermanns Knecht macht. So gab Christus Matth. 17, 27 den Zinsgroschen, auf daß er sie nicht ärgerte, obwohl er dessen doch nicht bedurfte.

Ebenso siehst du auch in den Worten Christi, oben aus Matth. 5, 39 angeführt, daß er wohl lehrt, wie die Christen untereinander kein weltlich Schwert noch Recht haben sollen. Er verbietet aber nicht, daß man denen dienen und Untertan sein solle, die weltliches Schwert und Recht haben. Sondern weil du seiner nicht bedarfst noch es haben sollst, sollst du vielmehr denen dienen, die nicht so hoch gekommen sind wie du und desselben noch bedürfen. Wenn du auch dessen nicht bedarfst, daß man deinen Feind strafe, so bedarfs aber dem kranker Nächster. Dem sollst du helfen, daß er Frieden habe und seinem Feind gesteuert werde; welches aber nicht geschehen kann, die Gewalt und Obrigkeit werden denn in Ehren und Furcht erhalten. Christus sagt nicht so: Du sollst der Gewalt nicht dienen noch Untertan sein, sondern:»Du sollst dem Übel nicht widerstreben«; als wollte er sagen: Halte du dich so, daß du alles leidest, damit du der Gewalt nicht bedürfest, daß sie dir helfe und diene, von Nutzen oder nötig sei, sondern umgekehrt, daß du ihr helfest, dienest, von Nutzen und nötig seiest. Ich will dich höher haben und viel zu edel, als daß du ihrer bedürfest; sondern sie soll deiner bedürfen,

Aufs sechste: Nun fragst du, ob denn auch ein Christ das weltliche Schwert führen und die Bösen strafen dürfe, weil Christi Worte so streng und unzweideutig lauten:»du sollst dem Übel nicht widerstreben«, daß die katholischen Theologen einen»Rat« daraus haben machen müssen. Antwort: Du hast jetzt zwei Stücke gehört. Eins, daß unter den Christen das Schwert nicht sein kann; darum kannst du es über und unter den Christen nicht führen, die seiner nicht bedürfen. Darum müßtest du die Frage aufwerfen in bezug auf den andern Haufen derer, die nicht Christen sind, ob du es daselbst christlich gebrauchen könntest. Da ist das andere Stück, daß du dem Schwert zu dienen schuldig bist und es fördern sollst, womit du kannst, es sei mit Leib, Gut, Ehre und Seele. Denn es ist ein Werk, dessen du (zwar) nicht bedarfst, das aber aller Welt und deinem Nächsten [255] ganz von Nutzen und nötig ist. Du solltest, wenn du sähest, daß es am Henker, Büttel, Richter, Herrn oder Fürsten mangelte, und du dich geschickt dazu fändest, dich dazu erbieten und dich darum bewerben, auf daß ja die notwendige Gewalt nicht verachtet und matt würde oder unterginge. Denn die Welt kann und vermag ihrer nicht entraten.

Ursache: in diesem Falle gingest du ganz in fremdem Dienst und Werken einher, die nicht dir noch deinem Gut oder Ehre, sondern nur dem Nächsten und andern nützen, und tätest nicht in der Absicht, daß du dich rächen oder Böses für Böses geben wolltest, sondern deinem Nächsten zugut und zur Erhaltung des Schutzes und Friedens der andern. Denn für dich selbst bleibst du an dem Evangelium und hältst dich nach Christi Wort, daß du gern den andern Backenstreich littest, den Mantel zum Rock fahren ließest, wenn es dich und deine Sache beträfe. So fügt sichs denn beides fein zueinander, daß du zugleich Gottes Reich und der Welt Reich genug tust, äußerlich und innerlich, zugleich Übel und Unrecht leidest und doch Übel und Unrecht strafest, zugleich dem Übel nicht widerstehst und doch widerstehst. Denn mit dem einen siehst du auf dich und auf das Deine, mit dem andern auf den Nächsten und auf das Seine. In bezug auf dich und das Deine hältst du dich nach dem Evangelium und leidest Unrecht als ein rechter Christ; in bezug auf den andern und das Seine hältst du dich nach der Liebe und leidest kein Unrecht gegen deinen Nächsten: welches (alles) das Evangelium nicht verbietet, ja vielmehr an anderer Stelle gebietet.

Auf diese Weise haben alle Heiligen das Schwert von Anfang der Welt an geführt: Adam mit seinen Nachkommen. So führte es Abraham, als er Lot, seines Bruders Sohn, errettete und die vier Könige schlug (1. Mose 14, 14 f.), obwohl er doch ganz und gar ein evangelischer Mann war. So schlug Samuel, der heilige Prophet, den König Agag (1. Sam. 15,33) und Elia die Propheten Baals (1. Kön. 18, 40). So haben das Schwert geführt Mose, Josua, die Kinder Israel, Simson, David und alle Könige und Fürsten im Alten Testament, ebenso Daniel und seine Gesellen Hananja, Asarja und Mischaël zu Babylon, ebenso Joseph in Ägypten und so fortan.

Wenn aber jemand einwenden wollte, das Alte Testament sei aufgehoben und gelte nicht mehr, darum könne man den Christen solche Beispiele nicht vorführen, da antworte ich: das ist nicht so. Denn Paulus sagt 1. Kor. 10, 3 f.:»Sie haben alle einerlei geistliche Speise gegessen und haben alle einerlei geistlichen Trank getrunken; sie tranken aber von dem geistlichen Fels, der mitfolgte, welcher war Christus«; das heißt: sie haben ebendenselben Geist und Glauben an Christus gehabt, den wir haben, und sind ebensowohl Christen gewesen wie wir. Darum, worin sie recht getan haben, darin tun alle Christen recht, von Anfang der Welt [256] bis ans Ende. Denn Zeit und äußerlicher Wandel macht unter den Christen keinen Unterschied. Auch ists nicht wahr, daß das Alte Testament so aufgehoben sei, daß man es nicht halten müsse oder Unrecht täte, wer es allzumal hielte (wie Hieronymus und viele mehr geirrt haben), sondern es ist so aufgehoben, daß frei ist, es zu halten oder zu lassen und nicht mehr notwendig, es bei Verlust der Seligkeit zu halten, wie es dazumal war.

Denn Paulus sagt 1. Kor. 7, 19; Gal. 6, 15, daß weder Vorhaut noch Beschneidung etwas sei, sondern eine neue Kreatur in Christus; das heißt: es ist nicht Sünde, Vorhaut zu haben, wie die Juden meinten, aber es ist auch nicht Sünde, sich zu beschneiden, wie die Heiden meinten. Sondern beides ist freigestellt und gut: dem der es so tut, daß er nicht meine, dadurch fromm oder selig zu werden. So verhält sichs auch mit allen andern Stücken des Alten Testaments: daß es nicht Unrecht sei, wer es läßt, noch Unrecht, wer es tut, sondern alles ist freigestellt und gut, es zu tun und zu lassen. Ja, wo es dem Nächsten zur Seligkeit von Nutzen oder nötig wäre, so müßten sie alle gehalten werden. Denn jedermann ist schuldig zu tun, was seinem Nächsten von Nutzen und nötig ist, es sei Altes oder Neues Testament, es sei ein jüdisch oder heidnisch Ding, wie Paulus 1. Kor. 12, 13 lehrt. Denn die Liebe geht durch alles und über alles und sieht nur dahin, was andern von Nutzen und nötig ist, fragt nicht danach, obs alt oder neu ist. So sind die (oben angeführten) Beispiele des Schwert(gebrauches) auch freigestellt, so daß du ihnen folgen kannst oder nicht; außer wo du siehst, daß dein Nächster dessen bedarf, da dringt dich die Liebe, das notwendig zu tun, was dir sonst freigestellt und nicht not ist zu tun oder zu lassen. Nur daß du dadurch nicht fromm oder selig zu werden gedenkest, wie die Juden es sich durch ihre Werke vermaßen, sondern solches dem Glauben überlassest, der dich ohne Werke zur neuen Kreatur macht.

Und damit wirs auch aus dem Neuen Testament beweisen, steht hier fest Johannes der Täufer, Luk. 3, 14, der ohne Zweifel Christus bezeugen, zeigen und von ihm lehren mußte. Das heißt, seine Lehre mußte rein neutestamentlich und evangelisch sein, der Christus ein rechtes vollkommenes Volk zuführen sollte. Dieser bestätigt das Amt der Kriegsleute und sagt, sie sollten sich an ihrem Solde genügen lassen. Wo es nun unchristlich gewesen wäre, das Schwert zu führen, sollte er sie deswegen tadeln, beides, Sold und Schwert heißen fahren lassen, oder er hätte sie nicht recht den christlichen Stand gelehrt. Ebenso auch Petrus, da er dem Kornelius Apg. 10, 34 ff. von Christus predigte, hieß er ihn nicht, sein Amt fahren zu lassen, was er doch getan haben sollte, wo es dem Kornelius an seinem Christenstand [257] hinderlich gewesen wäre. Dazu kommt der heilige Geist auf ihn, bevor er getauft wurde, auch lobt ihn Lukas als einen frommen Mann (noch) vor des Petrus Predigt (an ihn) und tadelt doch nicht an ihm, daß er der Kriegsleute und des heidnischen Kaisers Hauptmann war (Apg. 10, 2. 22). Was nun der heilige Geist an Kornelius hat bleiben lassen und nicht getadelt hat, das ist billig, daß auch wirs nicht tadeln, sondern bleiben lassen.

Desgleichen gibt auch der Kämmerer Apg. 8, 27 ff. ein Beispiel, den Philippus der Evangelist bekehrte und taufte und in seinem Amte bleiben und wieder heimziehen ließ, der doch der Königin im Mohrenland ohne Schwert(gewalt) nicht hat so ein gewaltiger Amtmann sein können. Ebenso ist es auch mit dem Landvogt auf Cypern, Sergius Paulus, gewesen, Apg. 13, 7 ff., welchen Paulus bekehrte und doch Landvogt unter und über Heiden bleiben ließ. Ebenso haben viele heilige Märtyrer getan, die, den römischen heidnischen Kaisern gehorsam, unter ihnen in den Streit zogen und ohne Zweifel auch Menschen umbrachten, um den Frieden zu erhalten; wie man von Mauritius, Achatius, Gereon und von vielen andern unter dem Kaiser Julian schreibt.

Darüber hinaus liegt da der eindeutige starke Text des Paulus Röm. 13, 1 ff., wo er sagt:»Die Obrigkeit ist von Gott verordnet«, weiter;»Die Obrigkeit trägt das Schwert nicht umsonst, sie ist Gottes Dienerin, dir zugut, eine Rächerin über den, der Böses tut«. Mein Lieber, sei du nicht so frevelhaft, daß du sagen wolltest, ein Christ könne das nicht führen, was Gottes eigentliches Werk, Ordnung und Schöpfung ist. Sonst müßtest du auch sagen, ein Christ dürfte nicht essen noch trinken noch ehelich werden, denn das sind auch Gottes Werke und Ordnungen. Ists aber Gottes Werk und Schöpfung, so ists gut und so gut, daß jedermann es christlich und selig gebrauchen kann, wie Paulus 1. Tim. 4, 4 sagt: Alle Kreatur Gottes ist gut, und nichts ist den Gläubigen zu verwerfen und denen, die die Wahrheit erkennen. Unter »allen« Kreaturen Gottes mußt du nicht allein Essen und Trinken, Kleider und Schuh, sondern auch Gewalt und Untertänigkeit, Schutz und Strafe sein lassen.

Und Summa Summarum, weil Paulus hier sagt, die Gewalt sei Gottes Dienerin, muß man sie nicht allein den Heiden überlassen, sondern sie muß für alle Menschen brauchbar sein. Was ist damit: »sie ist Gottes Dienerin« anders gesagt als so viel: Die Gewalt ist von Natur derart, daß man Gott damit dienen kann? Nun wäre es gar unchristlich geredet, daß es irgendeinen Gottesdienst gäbe, den ein Christenmensch nicht tun sollte oder müßte, wenn Gottesdienst niemand so ganz zu eigen ist wie den Christen. Und es wäre [258] auch wohl gut und notwendig, daß alle Fürsten rechte gute Christen wären, Denn das Schwert und die Gewalt als ein besonderer Gottesdienst gebührt den Christen vor allen andern auf Erden zu eigen. Darum sollst du das Schwert oder die Gewalt gleichwie den ehelichen Stand oder Ackerwerk oder sonst ein Handwerk schätzen, die Gott auch eingesetzt hat. Wie nun ein Mann Gott im ehelichen Stand dienen kann, beim Ackerwerk oder Handwerk, dem andern zu Nutzen, und dienen müßte, wenn es seinem Nächsten not wäre: so kann er auch in der Gewalt Gott dienen, und soll in ihr dienen, wo es des Nächsten Notdurft erfordert. Denn sie sind Gottes Diener und Handwerksleute, die das Böse strafen und das Gute schützen. Doch (ist zu beachten,) daß es auch freigestellt zu lassen sei, wo es nicht notwendig wäre, gleichwie Ehelichwerden und Ackerwerk treiben da freigestellt ist, wo es nicht notwendig ist.

Da sagst du: Warum habens denn Christus und die Apostel nicht geführt? Antwort: Sage mir, warum hat er nicht auch ein Weib genommen oder ist ein Schuster oder Schneider geworden? Sollte deshalb ein Stand oder Amt nicht gut sein, daß es Christus selbst nicht getrieben hätte, wo wollten alle Stände und Ämter bleiben, ausgenommen das Predigtamt, welches er allein getrieben hat? Christus hat sein Amt und Stand geführt; damit hat er keines andern Stand verworfen. Es stand ihm nicht zu, das Schwert zu führen. Denn er sollte nur das Amt führen, durch das sein Reich regiert wird und das eigentlich zu seinem Reich dient. Nun gehört zu seinem Reich nicht, daß er ehelich, Schuster, Schneider, Ackermann, Fürst, Henker oder Büttel sei, auch weder Schwert noch weltlich Recht, sondern nur Gottes Wort und Geist. Damit werden die Seinen inwendig regiert. Welches Amt er auch dazumal trieb und noch immer treibt, er gibt immer Geist und Gottes Wort. Und in dem Amt mußten ihm die Apostel nachfolgen und alle geistlichen Regierer. Denn sie haben an dem geistlichen Schwert, dem Wort Gottes, wohl so viel zu schaffen, wenn sie solches ihr Handwerk recht treiben, daß sie des weltlichen Schwertes wohl müßig gehen und es andern überlassen müssen, die nicht zu predigen haben; obwohl es ihrem Stand nicht zuwider ist, es zu brauchen, wie gesagt ist. Denn ein jeglicher muß seinen Beruf und Werk wahrnehmen.

Darum, wenn Christus auch nicht das Schwert geführt noch gelehrt hat, so ists doch genug, daß ers nicht verboten noch aufgehoben, sondern bestätigt hat; gleichwie es genug ist, daß er den ehelichen Stand nicht aufgehoben, sondern bestätigt hat, obwohl er kein Weib genommen, noch etwas davon gelehrt hat. Denn er mußte sich vor allen Dingen in solchem Stand und Werk tätig erweisen, die eigentlich nur allein zu seinem Reich dienten, auf daß nicht eine Ursache und notwendiges Vorbild daraus genommen würde zu lehren und zu glauben, als könnte Gottes Reich nicht ohne Ehe und Schwert und dergleichen äußerliche Dinge [259] bestehen (denn Christi Vorbild zwingt zur Nachfolge), obwohl es doch nur durch Gottes Wort und Geist besteht, welches Christi eigentliches Amt gewesen ist und als des obersten Königs in diesem Reich sein muß. Da nun aber nicht alle Christen dasselbe Amt haben (wiewohl sie es haben können), ists billig, daß sie sonst ein anderes äußerliches haben, womit auch Gott gedient werden kann.

Aus diesem allen ergibt sich nun, welches das rechte Verständnis der Worte Christi Matth. 5, 39 sei: »Ihr sollt dem Übel nicht widerstreben« usw. Nämlich das, daß ein Christ so beschaffen sein soll, daß er alles Übel und Unrecht leide, sich nicht selbst räche, sich auch nicht vor Gericht schütze, sondern daß er in allen Dingen der weltlichen Gewalt und des Rechts für sich selbst nicht bedürfe. Aber für andere kann und soll er Rache, Recht, Schutz und Hilfe suchen und dazu tun, was und womit er kann. Ebenso soll ihm auch die Gewalt, entweder von selbst oder auf Anregen anderer, ohne seine eigene Klage, Suchen und Anregen helfen und ihn schützen. Wo sie das nicht tut, soll er sich schinden und schänden lassen und keinem Übel widerstehen, wie Christi Worte lauten.

Und sei du gewiß, daß diese Lehre Christi nicht ein Rat für die Vollkommenen sei, wie unsere Sophisten lästern und lügen, sondern ein allgemein gültiges strenges Gebot für alle Christen, Auf daß du wissest, wie die unter christlichem Namen allzumal Heiden sind, die sich rächen oder vor Gericht um ihr Gut und Ehre rechten und zanken; da wird nichts andres draus, das sag ich dir. Und kehre dich nicht an die Menge und den allgemeinen Brauch. Denn es sind wenig Christen auf Erden, da zweifle du nicht dran; dazu ist Gottes Wort etwas andres als der allgemeine Brauch.

Denn hier siehst du, daß Christus nicht das Gesetz aufhebt, wenn er sagt:»Ihr habt gehört, daß da gesagt ist, Auge um Auge; ich aber sage euch, daß ihr nicht widerstreben sollt dem Übel« usw. (Matth. 5, 38–39). Sondern er legt den Sinn des Gesetzes aus, wie es zu verstehen sei, als wollte er sagen: Ihr Juden meint, es sei vor Gott recht und gut getan, wenn ihr das Eure mit Recht wieder holt und verlaßt euch drauf, daß Mose gesagt hat: Auge um Auge usw. Ich sage euch aber, daß Mose solch Gesetz deshalb über die Bösen, die nicht zu Gottes Reich gehören, gegeben hat, damit sie sich nicht selbst rächen oder Ärgeres tun, sondern durch solch äußerliches Recht gezwungen werden, Böses zu unterlassen, so daß sie (wenigstens) doch mit einem äußerlichen Recht und Regiment unter die Gewalt gebunden werden. Ihr aber sollt euch so verhalten, daß ihr solchen Rechtes nicht bedürft noch es sucht. Denn obwohl die weltliche Obrigkeit solch Gesetz haben muß, danach sie die Ungläubigen [260] richte, und ihr selbst auch es gut gebrauchen könnt, um andere danach zu richten, so sollt ihrs doch für euch und in euren Sachen nicht suchen noch brauchen, denn ihr habt das Himmelreich. Deshalb sollt ihr das Erdreich (dem) lassen, der es euch nimmt.

Siehe, da siehst du, wie Christus seine Worte nicht dahin auslegt, daß er des Mose Gesetz aufhebe oder die weltliche Gewalt verbiete, sondern er zieht die Seinen aus ihm heraus, daß sie für sich selbst sie nicht brauchen, sondern sie den Ungläubigen überlassen sollen, welchen sie doch auch mit solchem ihrem Recht dienen können, weil da Unchristen sind und man niemand zum Christentum zwingen kann. Daß aber Christi Worte allein auf die Seinen gehen, wird daraus klar, daß er hernach sagt, sie sollen ihre Feinde lieben und vollkommen sein wie ihr himmlischer Vater. Wer aber seine Feinde Hebt und vollkommen ist, der läßt das Gesetz liegen und gebraucht es nicht, daß er Auge um Auge fordere. Er wehrt aber den Unchristen auch nicht, die ihre Feinde nicht lieben und es gebrauchen wollen; ja er hilft, daß solche Gesetze die Bösen fesseln, damit sie nichts Ärgeres tun.

So ist nun (meine ich) das Wort Christi mit den Sprüchen in Einklang gebracht, die das Schwert einsetzen. Und das ist das Ergebnis: das Schwert soll kein Christ für sich und seine Sache führen noch anrufen; sondern für einen andern kann und soll ers führen und anrufen, damit der Bosheit gesteuert und die Rechtschaffenheit geschützt werde. Gleichwie der Herr auch an derselben Stelle (Matth. 5, 34–37) sagt: Ein Christ soll nicht schwören, sondern sein Wort soll sein:»ja, ja, nein, nein«; das heißt: für sich selbst und aus eigenem Willen und Lust soll er nicht schwören. Wenn aber die Not, Nutzen und Seligkeit oder Gottes Ehre das fordert, soll er schwören. So braucht er denn einem andern zu Dienst den verbotenen Eid, gleichwie er einem andern zu Dienst das verbotene Schwert braucht. Gleichwie Christus und Paulus oft schwören, um ihre Lehre und Zeugnis den Menschen nützlich und glaubwürdig zu machen, wie man denn bei den Bündnissen und Verträgen usw. tut und tun kann, wovon Ps. 63, 12 redet:»Wer bei ihm schwört, der darf sich rühmen.«

Hier fragst du weiter, ob denn auch die Büttel, Henker, Juristen, Anwälte, und was zu deren Gehilfen gehört, Christen sein können und einen seligen Stand haben? Antwort; Wenn die Gewalt und das Schwert ein Gottesdienst ist, wie oben erwiesen ist, so muß auch das alles Gottesdienst sein, was der Gewalt nötig ist, um das Schwert zu führen. Es muß ja einer sein, der die Bösen fängt, verklagt, erwürgt [261] und umbringt, die Guten schützt, entschuldigt, verteidigt und errettet. Darum, wenn sie es in der Absicht tun, daß sie nicht sich selbst drinnen suchen, sondern nur das Recht und die Gewalt handhaben helfen, womit die Bösen bezwungen werden, ists für sie ohne Gefahr, und sie könnens brauchen, wie ein anderer ein anderes Handwerk, und sich davon ernähren. Denn, wie gesagt ist, Liebe zum Nächsten achtet nicht ihr Eigenes, sieht auch nicht, wie groß oder gering, sondern wie nützlich und notwendig die Werke dem Nächsten oder der Gemeinde seien.

Fragst du: Wie könnte ich denn nicht für mich selbst und für meine Sache das Schwert in der Absicht gebrauchen, daß ich damit nicht das Meine suchte, sondern daß das Übel gestraft würde? Antwort: Solch Wunder ist nicht unmöglich, aber gar selten und gefährlich. Wo der Geist so reich ist, da kanns wohl geschehen. Denn so lesen wir von Simson Richt. 15, 11, daß er sprach: »Wie sie mir getan haben, so hab ich ihnen wieder getan«, obwohl doch Sprüche 24, 29 dagegen sagt: »Sprich nicht: Wie einer mir tut, so will ich ihm auch tun und einem jeglichen sein Tun vergelten«, und 20, 22: »Sprich nicht: Ich will Böses vergelten«. Denn Simson war von Gott dazu erfordert, daß er die Philister plagen und die Kinder Israel erretten sollte. Wenn er nun auch Streit mit ihnen suchte, indem er seine eigene Sache als Vorwand benutzte, so tat ers doch nicht, sich selbst zu rächen oder das Seine zu suchen, sondern andern zu Dienst und zur Strafe der Philister. Aber dem Vorbild wird niemand folgen, er sei denn ein rechter Christ und voll (heiligen) Geistes. Wenn die Vernunft auch so tun will, wird sie zwar vorgeben, sie wolle nicht das Ihre suchen; aber es wird von Grund auf falsch sein, denn ohne Gnade ist das nicht möglich. Darum werde zuvor wie Simson, so kannst du auch tun wie Simson.

Der zweite Teil
Wie weit sich weltliche Obrigkeit erstrecke

Hier kommen wir zum Hauptstück dieses Sermons. Denn nachdem wir gelernt haben, daß die weltliche Obrigkeit auf Erden sein muß, und wie man sie christlich und selig gebrauchen solle, müssen wir nun lernen, wie lang ihr Arm und wie weit ihre Hand reiche, daß sie sich nicht zu weit erstrecke und Gott in sein Reich und Regiment greife. Und das ist sehr notwendig zu wissen. Denn unerträglicher und greulicher Schaden folgt daraus, wo man ihr zu weit Raum gibt, und es ist auch nicht ohne Schaden, wo sie zu eng gespannt ist. Hier straft sie zu wenig, dort straft sie zu viel. Obwohl es erträglicher ist, daß sie auf dieser Seite sündige und zu wenig strafe; sintemal es allezeit besser ist, einen Buben leben zu lassen als einen rechtschaffenen Mann zu töten, nachdem die Welt doch Buben hat und haben muß, [262] der Frommen aber wenig hat.

Aufs erste ist zu merken, daß die zwei Teile Adamskinder, deren einer in Gottes Reich unter Christus, deren anderer in der Welt Reich unter der Obrigkeit ist (wie oben gesagt), zweierlei Gesetz haben. Denn ein jegliches Reich muß seine Gesetze und Recht haben, und ohne Gesetz kann kein Reich bestehen, wie das hinreichend die tägliche Erfahrung ergibt. Das weltliche Regiment hat Gesetze, die sich nicht weiter erstrecken als über Leib und Gut und was äußerlich auf Erden ist. Denn über die Seele kann und will Gott niemand regieren lassen als sich selbst allein. Deshalb: wo weltliche Gewalt sich vermißt, der Seele Gesetze zu geben, da greift sie Gott in sein Regiment und verführt und verdirbt nur die Seelen. Das wollen wir so klar machen, daß mans mit Händen greifen solle, auf daß unsere Junker, die Fürsten und Bischöfe sehen, was sie für Narren sind, wenn sie die Menschen mit ihren Gesetzen und Geboten zwingen wollen, so oder so zu glauben.

Wenn man ein Menschengesetz auf die Seele legt, daß sie glauben soll, so oder so, wie derselbe Mensch es angibt, so ist da gewiß nicht Gottes Wort. Ist Gottes Wort nicht da, so ists ungewiß, obs Gott haben will. Denn was er nicht gebietet, dessen kann man nicht sicher sein, daß es ihm gefalle: ja, man ist gewiß, daß es Gott nicht gefalle. Denn er will unsern Glauben bloß und lauter allein auf sein göttliches Wort gegründet haben, wie er Matth. 16, 18 sagt:»Auf diesen Felsen will ich meine Gemeinde bauen«, und Joh. 10, 4. 5: Meine Schafe hören meine Stimme und kennen mich; aber der Fremden Stimme hören sie nicht, sondern fliehen vor ihnen. Daraus folgt denn, daß weltliche Gewalt die Seelen mit solchem Frevelgebot zum ewigen Tode drängt, denn sie zwingt solches zu glauben, als das recht und gewiß Gott gefällig sei, während es doch ungewiß ist, ja gewiß, daß es mißfällt, weil kein klares Gotteswort da ist. Denn wer das für Recht glaubt, was unrecht oder ungewiß ist, der verleugnet die Wahrheit, die Gott selbst ist, und glaubt an die Lügen und Irrtümer, hält das für recht, was unrecht ist.

Deshalb ists ein gar überaus närrisch Ding, wenn sie gebieten, man solle der Kirche, den Vätern, Konzilen glauben, obgleich kein Gotteswort da sei. Teufelsapostel gebieten solches und nicht die Kirche. Denn die Kirche gebietet nichts, sie wisse denn sicher, daß es Gottes Wort sei, wie 1. Petr. 4, 11 sagt:»Wenn jemand redet, daß ers rede als Gottes Wort«. Sie werden aber gar lange nicht beweisen, daß der Konzile Sätze Gottes Wort sind. Viel närrischer ists aber noch, wenn man sagt: die Könige und Fürsten und die [263] Menge glaubt so. Mein Lieber, wir sind nicht getauft auf Könige, Fürsten, noch auf die Menge, sondern auf Christus und Gott selbst. Wir heißen auch nicht Könige, Fürsten oder Menge, wir heißen Christen. Der Seele soll und kann niemand gebieten, er wisse ihr denn den Weg gen Himmel zu weisen. Das kann aber kein Mensch tun, sondern Gott allein. Deshalb soll in den Sachen, die der Seele Seligkeit betreffen, nichts als Gottes Wort gelehrt und angenommen werden.

Ferner: wenn sie gleich grobe Narren sind, so müssen sie ja das bekennen, daß sie keine Gewalt über die Seelen haben. Denn es kann ja kein Mensch eine Seele töten oder lebendig machen, gen Himmel oder zur Hölle führen. Und wenn sie uns das nicht glauben wollen, wird Christus das ja stark genug bezeugen, da er Matth. 10, 28 sagt:»Fürchtet euch nicht vor denen, die den Leib töten und die Seele nicht können töten; fürchtet euch aber vielmehr vor dem, der Leib und Seele verderben kann in der Hölle«. Ich meine wenigstens, daß hier klar genug die Seele aus aller Menschen Hand genommen und allein unter Gottes Gewalt gestellt sei. Nun sage mir, wieviel Verstand muß der Kopf wohl haben, der an dem Ort Gebote aufstellt, wo er gar keine Gewalt hat? Wer wollte den nicht für unsinnig halten, der dem Mond geböte, er sollte scheinen, wann er wollte?

Überdies kann mans auch daran begreifen, daß eine jegliche Gewalt nur da handeln soll und kann, wo sie sehen erkennen, richten, urteilen, wandeln und ändern kann. Denn was wäre mir das für ein Richter, der blindlings die Sachen richten wollte, die er weder hört noch sieht? Nun sage mir, wie kann ein Mensch die Herzen sehen, erkennen, richten, beurteilen und ändern? Denn solches ist allein Gott vorbehalten, wie Ps. 7, 9–10 sagt:»Gott prüft Herzen und Nieren«, ferner:»Der Herr ist Richter über die Völker«, und Apg. 1, 24: »Der Herr kennt alle Herzen«, und Jer. 17, 9 f.:»Es ist das Herz ein trotzig und verzagt Ding, wer kann es ergründen? Ich, der Herr, kann das Herz ergründen [264] und die Nieren prüfen«. Ein Gericht soll und muß ganz sicher sein, wenn es urteilen soll, und alles am hellen Licht haben. Aber der Seelen Gedanken und Gesinnungen können niemand als Gott offenbar sein. Deshalb ist es umsonst und unmöglich, jemand zu gebieten oder ihn mit Gewalt zu zwingen, so oder so zu glauben. Es gehört ein anderer Griff dazu, die Gewalt tuts nicht. Und mich wundern die großen Narren, sintemal sie selbst allesamt sagen: Verborgene Sachen richtet die Kirche nicht. Wenn denn der Kirche geistliches Regiment nur offenbare Dinge regiert, wessen untersteht sich denn die unsinnige, weltliche Gewalt, solch heimlich, geistlich, verborgen Ding, wie es der Glaube ist, zu richten und zu meistern?

Auch geschieht es auf eines jeglichen eigene Gefahr, wie er glaubt, und muß er für sich selbst sehen, daß er recht glaube. Denn so wenig wie ein anderer für mich in die Hölle oder den Himmel fahren kann, so wenig kann er auch für mich glauben oder nicht glauben; und so wenig er mir Himmel oder Hölle auf- oder zuschließen kann, so wenig kann er mich zum Glauben oder Unglauben treiben. Weil es denn einem jeglichen auf seinem Gewissen liegt, wie er glaubt oder nicht glaubt, und weil damit der weltlichen Gewalt kein Abbruch geschieht, soll sie auch zufrieden sein und sich um ihre Sache kümmern und so oder so glauben lassen, wie man kann und will, und niemand mit Gewalt nötigen. Denn es ist ein freies Werk um den Glauben, zu dem man niemand zwingen kann, Ja, es ist ein göttlich Werk im Geist, geschweige denn, daß es äußerliche Gewalt erzwingen und schaffen sollte. Daher ist das allgemein verbreitete Wort genommen; Zum Glauben kann und soll man niemand zwingen.

Dazu sehen die blinden, elenden Leute nicht ein, ein wie gar vergebliches und unmögliches Ding sie vornehmen. Denn wie streng sie gebieten und wie sehr sie toben, so können sie die Menschen (doch) nicht weiter nötigen, als daß sie ihnen mit dem Mund und mit der Hand folgen; das Herz können sie ja nicht zwingen, und wenn sie sich zerreißen sollten. Denn wahr ist das Sprichwort; Gedanken sind zollfrei. Was solls denn nun, daß sie die Menschen im Herzen zu glauben zwingen wollen, obwohl sie sehen, daß es unmöglich ist? Sie treiben damit die schwachen Gewissen mit Gewalt dazu, zu lügen, zu verleugnen und anders zu reden, als sie es im Herzen meinen und beladen sich selbst so mit greulichen fremden Sünden. Denn alle die Lügen und falschen Bekenntnisse, die solch schwache Gewissen tun, fallen zurück auf den, der sie erzwingt. Es wäre jedenfalls viel [265] leichter, wenn ihre Untertanen schon irrten, daß sie sie schlechthin irren ließen, als daß sie sie zur Lüge und anders zu reden nötigten, als sie es im Herzen haben. Es ist auch nicht recht, daß man Bösem mit Ärgerem wehren will.

Aber willst du wissen, warum Gott verhängt, daß die weltlichen Fürsten so greulich anstoßen müssen? Ich will dirs sagen. Gott hat sie in verkehrten Sinn gegeben und will ein Ende mit ihnen machen, gleichwie mit den geistlichen Junkern. Denn meine ungnädigen Herren, Papst und Bischöfe, sollten Bischöfe sein und Gottes Wort predigen. Das lassen sie und sind weltliche Fürsten geworden und regieren mit Gesetzen, die nur Leib und Gut betreffen. Fein haben sie es umgekehrt: Innerlich sollten sie die Seelen durch Gottes Wort regieren, so (aber) regieren sie auswendig Schlösser, Städte, Land und Leute, und martern die Seelen mit unsäglicher Mörderei. Ebenso sollten auch die weltlichen Herren Land und Leute äußerlich regieren. Das lassen sie. Sie konnten nicht mehr als schinden und schaben, einen Zoll auf den andern, einen Zins über den anderen setzen, da einen Bären, hier einen Wolf (zur Jagd) freilassen, dazu kein Recht, Treue noch Wahrheit bei sich gefunden werden lassen, und handeln, daß es Räubern und Buben zuviel wäre, und daß ihr weltlich Regiment ja ebenso tief daniederliegt wie der geistlichen Tyrannen Regiment. Deshalb verkehrt Gott ihren Sinn auch, daß sie widersinnig zufahren und geistlich über Seelen regieren wollen, gleichwie jene weltlich regieren wollen, auf daß sie ja getrost fremde Sünde auf sich laden, Gottes und aller Menschen Haß, bis sie mit Bischöfen, Pfaffen und Mönchen zugrunde gehen, ein Bube mit dem andern. Und danach geben sie an dem allen dem Evangelium schuld und lästern, anstatt ihrer Beichte, Gott und sagen, unsere Predigt habe solches angerichtet, was ihre verkehrte Bosheit verdient hat und noch ohne Unterlaß verdient; wie die Römer auch taten, als sie vernichtet wurden. Siehe, da hast du den Rat Gottes über die großen Hansen. Aber sie sollens nicht glauben, auf daß solch ernster Ratschluß Gottes nicht durch ihre Buße verhindert werde.

Da wendest du ein: Hat doch Paulus Röm. 13 gesagt, jedermann solle der Gewalt und Obrigkeit Untertan sein, und Petrus sagt, wir sollen aller menschlichen Ordnung Untertan sein, Antwort: Da kommst du mir recht; denn die Sprüche dienen für mich. Paulus redet von der Obrigkeit und Gewalt. Nun hast du jetzt gehört, daß über Seelen niemand Gewalt haben kann als Gott. So muß Paulus von keinem Gehorsam reden können als da, wo die Gewalt sein kann. Daraus folgt, daß er nicht vom Glauben redet, nicht davon, daß weltliche Gewalt den Glauben zu gebieten haben solle, sondern von äußerlichen Gütern, diese auf [266] Erden zu ordnen und zu regieren. Das ergeben auch seine Worte deutlich und klar, da er beiden, der Gewalt und dem Gehorsam, das Ziel steckt und Röm. 13, 7 sagt:»So gebet nun jedermann, was ihr schuldig seid: Steuer, dem die Steuer gebührt, Zoll, dem der Zoll gebührt, Furcht, dem die Furcht gebührt, Ehre, dem die Ehre gebührt.« Siehe da, weltlicher Gehorsam und Gewalt erstrecken sich nur über äußerliche Steuer, Zoll, Ehre, Furcht. Ferner: wenn er V. 3 sagt:»Die Gewalt haben, sind nicht bei den guten Werken, sondern bei den bösen zu fürchten«, beschränkt er abermals die Gewalt, daß sie nicht den Glauben oder Gottes Wort, sondern böse Werke meistern soll.

Das will auch Petrus, wenn er sagt:»menschliche Ordnung«. Nun kann menschliche Ordnung sich ja nicht in den Himmel und über die Seele erstrecken, sondern nur auf Erden, auf den äußerlichen Wandel der Menschen untereinander, wo Menschen sehen, erkennen, richten, urteilen, strafen und erretten können.

Das alles hat auch Christus selbst fein unterschieden und kurz zusammengefaßt, wenn er Matth. 22, 21 sagt:»Gebet dem Kaiser, was des Kaisers ist, und Gott, was Gottes ist«. Wenn nun kaiserliche Gewalt sich in Gottes Reich und Gewalt erstreckte und nicht ein Besonderes wäre, sollte ers nicht so unterschieden haben. Denn wie gesagt ist, die Seele ist nicht unter des Kaisers Gewalt, er kann sie weder lehren noch führen, weder töten noch lebendig machen, weder binden noch lösen, weder richten noch urteilen, weder festhalten noch freilassen, welches doch sein müßte, wo er Gewalt hätte, über sie zu gebieten und Gesetze zu erlassen: sondern über Leib, Gut und Ehre hat er wohl solches zu tun, denn solches ist unter seiner Gewalt.

Das alles hat auch David lange zuvor in einen kurzen feinen Spruch gefaßt, wenn er Ps. 115, 16 sagt:»Der Himmel ist der Himmel des Herrn, aber die Erde hat er den Menschenkindern gegeben«. Das heißt: was auf Erden ist und zum zeitlichen, irdischen Reich gehört, da hat ein Mensch wohl Gewalt von Gott; aber was zum Himmel und zum ewigen Reich gehört, das ist allein unter dem himmlischen Herrn. Audi hat das Mose nicht vergessen, da er 1. Mose 1, 26 sagt:»Gott sprach: Lasset uns Menschen machen, die da herrschen über die Fische im Meer und über die Vögel unter dem Himmel und über das Vieh«. Da ist den Menschen nur ein äußerliches Regiment zugeeignet. Und in Summa ist das die Meinung, wie Petrus Apg. 5, 29 sagt:»Man muß Gott mehr gehorchen als den Menschen«. Damit steckt er ja auch ganz klar der weltlichen Gewalt ein Ziel. Denn wo man alles halten müßte, was weltliche Gewalt wollte, so wäre es umsonst gesagt:»Man muß Gott mehr gehorchen als den Menschen.«

Wenn nun dein Fürst oder weltlicher Herr dir gebietet, [267] es mit dem Papst zu halten, so oder so zu glauben, oder dir gebietet, Bücher von dir zu tun, sollst du so sagen: Es gebührt Luzifer nicht, neben Gott zu sitzen. Lieber Herr, ich bin euch schuldig zu gehorchen mit Leib und Gut; gebietet mir nach dem Maß eurer Gewalt auf Erden, so will ich folgen. Heißt ihr mich aber glauben und Bücher von mir zu tun, so will ich nicht gehorchen. Denn da seid ihr ein Tyrann und greift zu hoch, gebietet, wo ihr weder Recht noch Macht habt usw. Nimmt er dir darüber dein Gut und straft solchen Ungehorsam: selig bist du und danke Gott, daß du würdig bist, um göttlichen Worts willen zu leiden. Laß ihn nur toben, den Narren, er wird seinen Richter wohl finden. Denn ich sage dir, wo du ihm nicht widersprichst und ihm Raum gibst, daß er dir den Glauben oder die Bücher nimmt, so hast du wahrlich Gott verleugnet.

Damit ich dafür ein Beispiel gebe: In Meißen, Bayern und in der Mark Brandenburg und an andern Orten haben die Tyrannen ein Gebot ausgehen lassen, man solle die Neuen Testamente an die Amtsstellen hin und her überantworten. Hier sollen ihre Untertanen so tun: nicht ein Blättlein, nicht einen Buchstaben sollen sie überantworten, bei Verlust ihrer Seligkeit. Denn wer es tut, der übergibt Christus dem Herodes in die Hände. Denn sie handeln als Christusmörder wie Herodes. Sondern das sollen sie leiden, wenn man befiehlt, ihnen durch die Häuser zu laufen und mit Gewalt zu nehmen, es seien Bücher oder Güter. Dem Frevel soll man nicht widerstehen, sondern ihn leiden; man soll ihn aber nicht billigen, noch dazu dienen oder folgen oder mit einem Schritt oder mit einem Finger gehorchen. Denn solche Tyrannen handeln, wie weltliche Fürsten sollen. Es sind weltliche Fürsten; die Welt aber ist Gottes Feind, deshalb müssen sie auch tun, was Gott zuwider, der Welt aber gemäß ist, auf daß sie ja nicht ehrlos werden, sondern weltliche Fürsten bleiben. Deshalb laß dichs nicht wundern, wenn sie wider das Evangelium toben und die Narren spielen; sie müssen ihrem Titel und Namen Genüge tun.

Und du sollst wissen, daß es von Anbeginn der Welt gar ein seltener Vogel ist um einen klugen Fürsten, noch viel [268] seltener um einen frommen Fürsten. Sie sind im allgemeinen die größten Narren oder die ärgsten Buben auf Erden; weshalb man bei ihnen allezeit auf das ärgste gefaßt sein und wenig Gutes von ihnen erwarten muß, besonders in göttlichen Sachen, die der Seelen Heil belangen. Denn es sind Gottes Stockmeister und Henker, und sein göttlicher Zorn gebraucht sie, die Bösen zu strafen und äußerlichen Frieden zu halten. Es ist ein großer Herr, unser Gott. Deshalb muß er auch solche edlen, hochgeborenen, reichen Henker und Büttel haben, und will, daß sie Reichtum, Ehre und Furcht von jedermann den Überfluß und die Menge haben sollen. Es gefällt seinem göttlichen Willen, daß wir seine Henker »gnädige Herrn« nennen, ihnen zu Füßen fallen und mit aller Demut Untertan sind, sofern sie ihr Handwerk nicht zu weit erstrecken, so daß sie Hirten aus Henkern werden wollen. Gerät nun ein Fürst, daß er klug, fromm oder ein Christ ist, das ist der großen Wunder eins und das allerteuerste Zeichen göttlicher Gnade über dasselbe Land. Denn nach allgemeinem Lauf geht es nach dem Spruch Jes. 3, 4: »Ich will ihnen Knaben zu Fürsten geben und Mutwillige sollen über sie herrschen«, und Hosea 13, 11: »Ich gebe dir Könige in meinem Zorn und will sie dir nehmen in meinem Grimm«. Die Welt ist zu böse und nicht wert, daß sie viele kluge und fromme Fürsten haben sollte. Frösche müssen Störche haben.

Da sagst du abermals: Ja, weltliche Gewalt zwingt nicht zu glauben, sondern wehrt nur äußerlich, daß man die Menschen nicht mit falscher Lehre verführe; wie könnte man sonst den Ketzern wehren? Antwort: Das sollen die Bischöfe tun, denen ist solches Amt befohlen und nicht den Fürsten. Denn Ketzerei kann man nimmermehr mit Gewalt wehren. Es gehört ein anderer Griff dazu, und es ist hier ein anderer Streit und Handel als mit dem Schwert. Gottes Wort soll hier streiten; wenns das nicht ausrichtet, so wirds wohl von weltlicher Gewalt unausgerichtet bleiben, wenn sie auch gleich die Welt mit Blut füllte. Ketzerei ist ein geistlich Ding, das kann man mit keinem Eisen zerhauen, mit keinem Feuer verbrennen, mit keinem Wasser ertränken. Es ist aber allein das Gotteswort da, das tuts, wie Paulus 2. Kor. 10, 4 f. sagt:»Die Waffen, mit denen wir kämpfen, sind nicht fleischlich, sondern mächtig im Dienste Gottes, zu zerstören Befestigungen. Wir zerstören damit Anschläge und alles Hohe, das sich erhebt wider die Erkenntnis Gottes, und nehmen gefangen alle Gedanken unter den Gehorsam Christi«.

Dazu gibt es keine größere Stärkung des Glaubens und der Ketzerei, als wo man ohne Gottes Wort mit bloßer Gewalt dawider handelt. Denn man hälts da für gewiß, daß [269] solche Gewalt die rechte Sache nicht für sich hat und gegen das Recht handle, weil sie ohne Gottes Wort einherfährt und sich sonst nichts als mit bloßer Gewalt zu behelfen weiß, wie die unvernünftigen Tiere tun. Denn man kann auch in weltlichen Sachen nicht mit Gewalt dazwischenfahren, es sei denn das Unrecht zuvor durch das Recht überwunden. Wieviel unmöglicher ists, in diesen hohen geistlichen Sachen mit Gewalt ohne Recht und Gottes Wort zu handeln! Damm siehe, wie feine, kluge Junker mir das sind. Sie wollen Ketzerei vertreiben, und greifen (sie) damit an, womit sie den Widerpart nur stärken, sich selbst verdächtig und jene gerechtfertigt machen. Lieber, willst du Ketzerei vertreiben, so mußt du den Griff treffen, daß du sie vor allen Dingen aus dem Herzen reißest und (sie) gründlich, mit Zustimmung (des von ihr Befallenen), abwendest. Das wirst du mit Gewalt nicht zu Ende bringen, sondern nur stärken. Was hilft dirs denn, wenn du die Ketzerei in dem Herzen stärkst und nur auswendig, auf der Zunge, schwächst und zu lügen nötigst? Gottes Wort aber, das erleuchtet die Herzen; und damit fallen dann von selbst alle Ketzer und Irrtümer aus dem Herzen.

Von solchem Zerstören der Ketzerei hat der Prophet Jesaja verkündigt und 11, 4 gesagt;»Er wird den Gewalttätigen mit dem Stabe seines Mundes schlagen und mit dem Odem seiner Lippen den Gottlosen töten«. Da siehst du, daß es durch den Mund ausgerichtet wird, wenn der Gottlose getötet und bekehrt werden soll. Summa Summarum: Solche Fürsten und Tyrannen wissen nicht, daß gegen Ketzerei streiten gegen den Teufel streiten sei, der die Herzen mit Irrtum besitzt, wie Paulus Eph. 6, 12 sagt:»Wir haben nicht mit Fleisch und Blut zu kämpfen, sondern mit Mächtigen und Gewaltigen, nämlich mit den Herren der Welt, die in dieser Finsternis herrschen« usw. Darum, so lange man nicht den Teufel wegstößt und von den Herzen jagt, so ists ihm, wenn ich mit Schwert oder Feuer seine Werkzeuge umbringe, gleich, als wenn ich mit einem Strohhalm gegen den Blitz stritte. Das hat Hiob 41, 19 ff. alles reichlich bezeugt, da er sagt, daß der Teufel Eisen wie Stroh achte und keine Gewalt auf Erden fürchte. Man sieht es auch wohl durch die Erfahrung. Denn wenn man gleich alle Juden und Ketzer mit Gewalt verbrennte, so ist und wird doch keiner dadurch überwunden noch bekehrt.

Doch solche Welt soll solche Fürsten haben, daß kein Teil sein Amt wahrnehme. Die Bischöfe sollen das Wort Gottes liegen lassen und die Seelen nicht damit regieren, sondern sollen den weltlichen Fürsten befehlen, daß diese mit dem Schwert daselbst regieren. Umgekehrt sollen die weltlichen Fürsten Wucher, Raub, Ehebruch, Mord und andere böse Werke hingehen lassen und selbst treiben, danach von den [270] Bischöfen mit Bannbriefen strafen lassen, und so den Schuh fein umkehren: mit Eisen die Seelen und mit Briefen den Leib regieren, daß weltliche Fürsten geistlich und geistliche Fürsten weltlich regieren. Was hat der Teufel sonst auf Erden zu schaffen, als daß er mit seinem Volk so gaukele und Fastnachtspiel treibe? Das sind unsere christlichen Fürsten, die den Glauben verteidigen und den Türken fressen. Ja freilich feine Gesellen, auf die gut zu vertrauen ist: sie werden mit solcher feinen Klugheit etwas ausrichten, nämlich, daß sie den Hals brechen und Land und Leute in Jammer und Not bringen.

Ich wollte aber den verblendeten Leuten gar treulich raten, daß sie sich vor einem kleinen Sprüchlein vorsehen, das im 107. Psalm steht: »Er schüttete Verachtung aus auf die Fürsten« (V. 40). Ich schwöre euch bei Gott: werdet ihrs so machen, daß dies kleine Sprüchlein über euch in Schwang kommt, so seid ihr verloren, wenn auch jeder von euch so mächtig wie der Türke wäre, und wird euch euer Schnauben und Toben nichts helfen. Es hat schon zum großen Teil angefangen. Denn gar wenig Fürsten sind, die man nicht für Narren oder Buben hält. Das macht, sie erweisen sich auch so, und der einfache Mann wird verständig, und der Fürsten Plage, die Gott »Verachtung« nennt (Ps. 107, 40), geht gewaltig daher unter dem Volke und einfachen Mann. Ich fürchte, dem werde nicht zu wehren sein, die Fürsten stellen sich denn fürstlich und fangen wieder an, mit Vernunft und säuberlich zu regieren. Man wird nicht, man kann nicht, man will nicht eure Tyrannei und Mutwillen auf die Dauer leiden. Liebe Fürsten und Herren, da wisset euch nach zu richten, Gott wills nicht länger haben. Es ist jetzt nicht mehr eine Weit wie vorzeiten, da ihr die Menschen wie das Wild jagtet und triebet. Deshalb laßt euern Frevel und Gewalt und seid darauf bedacht, daß ihr rechtlich handelt, und laßt Gottes Wort seinen Gang haben, den es doch haben will, muß und soll, und den ihr nicht hindern werdet. Ist Ketzerei da, die überwinde man, wie sichs gebührt, mit Gottes Wort. Werdet ihr aber viel Schwertzücken treiben, so sehet zu, daß nicht einer komme, der es euch einstecken heiße, (aber) nicht in Gottes Namen.

Möchtest du aber einwenden: Weil denn nun unter den Christen kein weltlich Schwert sein soll, wie will man sie denn äußerlich regieren? Es muß ja Obrigkeit auch unter den Christen bleiben. Antwort: Unter den Christen soll und kann keine Obrigkeit sein, sondern ein jeglicher ist zugleich dem andern Untertan, wie Paulus Röm. 12, 10 sagt: »Einer [271] komme dem andern mit Ehrerbietung zuvor«, und 2. Petr. 5, 5: Seid allesamt untereinander Untertan. Das will auch Christus Luk. 14,10: »Wenn du (zur Hochzeit) geladen wirst, so setze dich untenan«. Es ist unter den Christen kein Oberster, als nur Christus selbst und allein. Und was kann da für Obrigkeit sein, wo alle gleich sind und einerlei Recht, Macht, Cut und Ehre haben? Wo dazu keiner begehrt, des andern Oberster zu sein, sondern jeglicher des andern Unterster sein will? Könnte man doch, wo solche Leute sind, keine Obrigkeit aufrichten, wenn mans auch gerne tun wollte, weil es die Art und Natur (der Christen) nicht leidet, Oberste zu haben, da keiner Oberster sein will noch kann. Wo aber nicht solche Leute sind, da sind auch nicht rechte Christen.

Was sind denn die Priester und Bischöfe? Antwort: ihr Regiment ist nicht eine Obrigkeit oder Gewalt, sondern ein Dienst und Amt. Denn sie sind nicht höher noch besser vor andern Christen. Darum sollen sie auch kein Gesetz noch Gebot über andere aufstellen ohne derselben Willen und Erlaubnis, sondern ihr Regieren ist nichts anderes als Gottes Wort treiben, damit die Christen führen und Ketzerei überwinden. Denn, wie gesagt ist, die Christen kann man mit nichts außer allein mit Gottes Wort regieren. Denn Christen müssen im Glauben regiert werden, nicht mit äußerlichen Werken. Glaube kann aber durch kein Menschenwort, sondern nur durch Gottes Wort kommen, wie Paulus Röm. 10, 17 sagt: »Der Glaube kommt aus der Predigt, das Predigen aber durch das Wort Christi«. Welche nun nicht glauben, die sind nicht Christen, die gehören auch nicht unter Christi Reich, sondern unter das weltliche Reich, daß man sie mit dem Schwert und äußerlichem Regiment zwinge und regiere. Die Christen tun von sich selbst aus ungezwungen alles Gute und haben für sich genug allein am Gotteswort. Doch davon hab ich sonst viel und oft geschrieben.

Der dritte Teil

Nun wills auch Zeit sein, daß wir, nachdem wir wissen, wie weit weltliche Gewalt sich erstreckt, (auch darüber schreiben), wie ein Fürst sich verhalten solle um derer willen, die auch gern christliche Fürsten und Herrn sein wollen und auch in jenes Leben zu kommen gedenken, welcher (allerdings) gar sehr wenige sind. Denn Christus beschreibt selbst die Art der weltlichen Fürsten Luk. 22, 25, da er sagt:»Die Könige der Völker herrschen, und ihre Mächtigen heißet man gnädige Herren«. Denn sie denken nicht anders: wenn sie als Herren geboren oder erwählt sind, so haben sie ein Recht darauf, daß sie sich dienen lassen und mit Gewalt regieren. Welcher nun ein christlicher Fürst sein will, der muß wahrlich die Meinung ablegen, daß er [272] herrschen und mit Gewalt verfahren wolle. Denn verflucht und verdammt ist alles Leben, das sich selbst zu Nutzen und zugute gelebt und gesucht wird, verflucht alle Werke, die nicht in der Liebe erfolgen. Dann aber erfolgen sie in der Liebe, wenn sie nicht auf eigene Lust, Nutzen, Ehre, Sicherheit und Heil, sondern auf anderer Nutzen, Ehre und Heil von ganzem Herzen gerichtet sind.

Darum will ich hier nichts von weltlichen Händeln und Gesetzen der Obrigkeit sagen; denn das ist eine weitläufige Sache, und es sind allzuviel Rechtsbücher da. (Nur soviel dazu:) ein Fürst, der nicht selbst klüger ist als seine Juristen und nichts weiter versteht, als in den Rechtsbüchern steht, wird gewiß nach dem Wort Sprüche 28, 16 regieren:»Wenn ein Fürst ohne Verstand ist, so geschieht viel Unrecht«. Denn wie gut und billig die Rechte sind, so haben sie doch allesamt eine Ausnahme: daß sie gegen die Not nicht ankönnen. Darum muß ein Fürst das Recht ja so fest in seiner Hand haben wie das Schwert und mit eigener Vernunft ermessen, wann und wo das Recht der Strenge nach zu brauchen oder wo es zu lindern sei, so daß die Vernunft allezeit über alles Recht regiere, und das oberste Recht und Meister alles Rechts bleibe. Gleichwie ein Hausvater, obwohl er für sein Gesinde und Kinder bestimmte Zeit und Maß für Arbeit und Speise festsetzt, dennoch solche Satzung in seiner Macht behalten muß, daß er sie ändern oder mildern könne, wo sich ein Fall begäbe, daß sein Gesinde krank, gefangen, festgehalten, betrogen oder sonst verhindert würde, so daß er nicht mit (gleicher)

Strenge mit den Kranken wie mit den Gesunden verfahre. Das sage ich deshalb, damit man nicht meine, es sei genug und köstlich Ding, wenn man dem geschriebenen Recht oder den Räten der Juristen folgt. Es gehört mehr dazu.

Wie soll dann ein Fürst tun, wenn er nicht so klug ist und sich durch Juristen und Rechtsbücher regieren lassen muß? Antwort: Deshalb habe ich gesagt, daß Fürstenstand ein gefährlicher Stand ist. Und wo er nicht selbst so klug ist, daß er selbst beides, sein Recht und seine Räte, regiert, da geht es nach dem Spruch Salomos Pred. 10, 16: »Weh dir, Land, dessen König ein Kind ist«. Das erkannte auch Salomo; darum verzagte er an allem Recht, das ihm auch Mose durch Gott vorgeschrieben hatte, und an allen seinen Fürsten und Räten, und wandte sich zu Gott selbst und bat ihn um ein weises Herz, das Volk zu regieren. Diesem Vorbild nach muß ein Fürst auch tun, mit Furcht verfahren und sich weder auf tote Bücher noch auf lebendige Köpfe verlassen, sondern sich bloß an Gott halten, ihm in den Ohren [273] liegen und um rechtes Verständnis über alle Bücher und Meister hinaus bitten, um seine Untertanen weise zu regieren. Deshalb weiß ich einem Fürsten kein Recht vorzuschreiben, sondern will nur sein Herz unterrichten, wie das in allen Rechten, Räten, Urteilen und Händeln gesinnt und beschaffen sein soll. Wo er sich so verhält, wird ihm Gott gewiß geben, daß er alle Rechte, Räte und Händel gut und göttlich ausrichten kann.

Aufs erste muß er seine Untertanen ansehen und dabei sein Herz recht rüsten. Das tut er aber dann, wenn er all seinen Sinn dahin richtet, daß er denselben nützlich und dienlich sei, und nicht so denke: Land und Leute sind mein, ich wills machen, wie mirs gefällt, sondern so: Ich bin des Landes und der Leute, ich solls machen, wie es ihnen nützlich und gut ist. Nicht soll ich suchen, wie ich hoch einherfahre und herrsche, sondern wie sie in gutem Frieden beschützt und verteidigt werden. Und er soll sich Christus vor seine Augen stellen und sagen: Siehe, Christus, der oberste Fürst, ist gekommen und hat mir gedient, nicht gesucht, wie er Gewalt, Gut und Ehre an mir hätte, sondern er hat nur meine Not angesehen und alles daran gewandt, daß ich Gewalt, Gut und Ehre an ihm und durch ihn hätte. So will ich auch tun: nicht an meinen Untertanen das Meine suchen, sondern das Ihre, und will ihnen auch so mit meinem Amt dienen, sie schützen, ihnen nachsichtig sein und sie verteidigen, und allein mit der Absicht regieren, daß sie und nicht ich Gutes und Nutzen davon haben. Daß also ein Fürst sich in seinem Herzen seiner Gewalt und Obrigkeit entäußere und sich des Bedürfnisses seiner Untertanen annehme und darin handle, als wäre es sein eigenes Bedürfnis. Denn so hat uns Christus getan, und das sind die Werke eigentlicher christlicher Liebe. Da sprichst du denn: Wer wollte dann Fürst sein? Auf diese Weise würde der Fürstenstand der elendeste auf Erden sein, da viel Mühe, Arbeit und Unlust drinnen ist. Wo wollten dann die fürstlichen Ergötzungen mit Tanzen, Jagen, Rennen, Spielen bleiben und was dergleichen weltlicher Freuden (mehr) sind? Da antworte ich: wir lehren jetzt nicht; wie ein weltlicher Fürst leben solle, sondern wie ein weltlicher Fürst ein Christ sein solle, daß er auch gen Himmel komme. Wer weiß das nicht, daß ein Fürst Wildbret im Himmel (d. h. mehr als selten) ist? Ich rede auch nicht deshalb davon, weil ich hoffe, weltliche Fürsten werdens annehmen, sondern falls irgendeiner wäre, der auch gern ein Christ wäre und wissen wollte, wie er verfahren solle. Denn ich bin dessen wohl sicher, daß Gottes Wort sich nicht nach den Fürsten richten noch beugen wird, sondern die Fürsten müssen sich nach ihm richten, Mir ist genug, wenn ich anzeige, daß es einem Fürsten nicht unmöglich sei, ein Christ zu sein, obwohl es selten ist und mühsam zugeht. Denn wo sie sich so drein schickten, daß ihr Tanzen und Jagen und Rennen den Untertanen ohne Schaden wäre, und sie ihr Amt sonst gegen sie in der Liebe gehen ließen, würde Gott nicht so hart sein, daß er ihnen nicht Tanz und Jagd und Rennen gönnen sollte. Aber es würde sich von selbst wohl ergeben, daß gar mancher liebe Tanz, Jagd, Rennen und Spielen unterbleiben müßten, wenn sie ihre Untertanen ihrem Amt nach betreuen und besorgen sollten. Aufs zweite (ist es erforderlich), daß er auf die großen Hansen, auf seine Räte, acht habe und sich gegen sie so verhalte, daß er keinen verachte, (aber) auch keinem so vertraue, sieh in allem auf ihn zu verlassen. Denn Gott kann keines von beiden leiden. Er hat einmal durch einen Esel geredet (4. Mose 22, 28), deshalb ist kein Mensch zu verachten, wie gering er sei. Umgekehrt hat er den höchsten Engel vom Himmel fallen lassen, deshalb ist auf keinen Menschen zu vertrauen, wie klug, heilig und groß er sei, sondern man soll einen jeglichen hören und darauf warten, durch welchen Gott reden und wirken wolle. Denn das ist der größte Schaden an den Herrenhöfen, wenn ein Fürst seinen Sinn den großen Hansen und Schmeichlern gefangen gibt und seine eigene Meinungsbildung hintanstehen läßt, sintemal es nicht einen Menschen betrifft, wenn ein Fürst Fehler macht und närrisch ist, sondern Land und Leute müssen solches Närrischsein ausbaden. Deshalb soll ein Fürst seinen Gewaltigen so vertrauen und sie schaffen lassen, daß er dennoch den Zaum in der Faust behalte und nicht sicher sei noch schlafe, sondern sich kümmere und das Land (wie Josaphat es tat, 2. Chron. 19, 4 ff.) bereise und allenthalben besehe, wie man regiert und richtet. Dann wird er selbst erfahren, wie man keinem Menschen ganz vertrauen soll. Denn du darfst nicht denken, daß sich ein anderer deiner und deines Landes so eifrig annehme wie du, er sei denn voll (heiligen) Geistes und ein guter Christ. Ein natürlicher Mensch tuts nicht. Weil du denn nicht weißt, ob er ein Christ ist, oder wie lange ers bleibt, so kannst du dich auch nicht auf ihn sicher verlassen.

Und hüte dich nur vor denen am meisten, die da sagen: Ei, gnädiger Herr, vertraut mir Euer Gnaden nicht mehr als so viel? Wer will Euer Gnaden dienen usw.? Denn der ist gewiß nicht rein und will Herr im Lande sein und dich zum Narren machen. Denn wenn er ein rechtschaffener Christ und fromm wäre, würde ers gar gern haben, daß du ihm nichts (an)vertrauest, und würde dich deshalb loben und lieben, weil du ihm so genau drauf siehst. Denn gleich wie er göttlich handelt, so will und kann er leiden, daß [275] sein Tun vor dir und jedermann am Tage hegt, wie Christus Joh. 3, 21 sagt:»Wer aber die Wahrheit tut, der kommt zu dem Licht, daß seine Werke offenbar werden, denn sie sind in Gott getan«. Jener aber will dir die Augen blenden und im Finstern handeln, wie Christus daselbst auch V. 20 sagt:»Wer Arges tut, der hasset das Licht, daß seine Werke nicht an den Tag kommen«. Darum hüte dich vor ihm. Und wenn er deshalb murrt, so sprich: Lieber, ich tue dir kein Unrecht, Gott will nicht, daß ich mir selbst noch irgendeinem Menschen vertraue. Zürne mit ihm selbst deshalb, weil er solches haben will oder dich nicht als mehr als einen Menschen geschaffen hat. Obwohl, wenn du gleich ein Engel wärest, wollte ich dir dennoch auch nicht so ganz vertrauen, weil doch (auch) Luzifer nicht zu vertrauen gewesen ist; denn Gott allein soll man trauen.

Denke nur kein Fürst, daß ers besser haben werde als David, der aller Fürsten Vorbild ist. Der hatte einen solchen weisen Rat, A-hithophel genannt, daß der Text sagt, es habe so viel gegolten, was Ahithophel vorschlug, als wenn man Gott selbst gefragt hätte (2. Sam. 16, 23). Dennoch fiel er dahin und kam so tief, daß er David, seinen eigenen Herrn, verraten, erwürgen und vertilgen wollte, und David dazumal wohl lernen mußte, wie auf keinen Menschen zu vertrauen ist. Warum, meinst du, daß Gott solch greulich Exempel habe geschehen und niederschreiben lassen? Doch nur um die Fürsten und Herren vor dem allergefährlichsten Unglück zu warnen, das sie haben können, nämlich, daß sie niemand vertrauen sollen! Denn es ist ein gar jämmerlich Ding, wo an Herrenhöfen Schmeichler regieren oder der Fürst sich auf andere verläßt und sich ihnen gefangen gibt, jedermann machen läßt, wie ers macht.

Sagst du dann: Soll man denn niemand vertrauen, wie will man Land und Leute regieren? Antwort: Es jemand anbefehlen und es mit ihm wagen sollst du, jemandem vertrauen und dich darauf verlassen sollst du nicht, außer allein auf Gott. Du mußt die Ämter jemandem anbefehlen und es mit ihm wagen; aber du sollst ihm nicht weiter vertrauen denn als einem, der Fehler begehen könne, so daß du weiter aufpassen mußt und nicht schlafen darfst. Wie ein Fuhrmann seinen Rossen und Wagen vertraut, die er treibt, aber er läßt sie nicht von selbst fahren, sondern hält Zaum und Peitsche in der Hand und schläft nicht. Und merke die alten Sprichworte, die ohne allen Zweifel die Erfahrung gelehrt hat und die zutreffend sind: Des Herrn Auge macht das Pferd fett; ferner; des Herrn Fußstapfen düngen den Acker gut. Das heißt: wo der Herr selbst nicht drein [276] sieht und sich auf Räte und Knechte verläßt, da geht es nimmer recht. Das will Gott auch so haben und läßt es geschehen, auf daß die Herren durch die Not gezwungen werden, ihr Amt selbst wahrzunehmen, wie ein jeglicher seinem Beruf und alle Kreatur ihrem Werk obliegen muß; sonst werden Mastsäue und unnütze Menschen aus den Herren, die niemand als sich selbst nütze sind.

Aufs dritte: daß er achthabe, wie er mit den Übeltätern recht verfahre. Hier muß er gar klug und weise sein, auf daß er ohne der andern Verderben strafe. Und ich weiß hier abermals kein besseres Beispiel als David. Der hatte einen Hauptmann, mit Namen Joab, der tat zwei böse, tückische Streiche und erwürgte verräterisch zwei fromme Hauptmänner, womit er zweimal redlich den Tod verdient hatte. Dennoch tötete er ihn nicht bei seinen Lebzeiten, sondern befahl es seinem Sohn Salomo, ohne Zweifel deshalb, weil ers nicht ohne größeren Schaden und Aufsehen tun konnte (2. Sam. 3; 20; 1. Kön. 2, 5 f.). So muß auch ein Fürst die Bösen strafen, daß er nicht einen Löffel aufhebe und eine Schüssel zertrete und um eines Schädels willen Land und Leute in Not bringe und das Land voll Witwen und Waisen mache. Deshalb darf er nicht den Räten und Eisenfressern folgen, die ihn hetzen und aufreizen, Krieg anzufangen und sagen: Ei, sollten wir solche Worte und Unrecht leiden? Es ist ein gar schlechter Christ, der um eines Schlosses willen das Land in Gefahr bringt. Kurz: hier muß man sich nach dem Sprichwort verhalten: Wer nicht durch die Finger sehen kann, der kann nicht regieren. Deshalb sei das seine Regel: Wo er Unrecht nicht ohne größeres Unrecht strafen kann, da lasse er sein Recht fahren, es sei wie billig es wolle. Denn seinen Schaden soll er nicht achten, sondern der anderen Unrecht, das sie über seinem Strafen leiden müssen. Denn was haben so viele Weiber und Kinder verdient, daß sie Witwen und Waisen werden, auf daß du dich an einem unnützen Maul oder böser Hand rächest, die dir Leid getan hat?

Da sagst du dann: Soll denn ein Fürst nicht Krieg führen, oder seine Untertanen ihm nicht in den Streit folgen? Antwort: Das ist eine weitläufige Frage. Aber aufs kürzeste: christlich hierin zu verfahren, sage ich, daß kein Fürst gegen seinen Oberherrn, wie den König und Kaiser [277] oder sonst seinen Lehnsherrn, Krieg führen soll, sondern er soll nehmen lassen, wer da nimmt. Denn der Obrigkeit soll man nicht mit Gewalt widerstehen, sondern nur mit Bekenntnis der Wahrheit. Kehrt sie sich dran, ist es gut; wo nicht, so bist du entschuldigt und leidest Unrecht um Gottes willen. Ist aber der Widerpart deinesgleichen oder geringer als du oder eine fremde Obrigkeit, so sollst du ihm aufs erste Recht und Frieden anbieten, wie Mose die Kinder Israel lehrt. Will er dann nicht, so gedenke auf dein Bestes und wehre dich mit Gewalt gegen Gewalt, wie Mose das alles 5. Mose 20, 10 fein beschreibt. Und hierin mußt du nicht das Deine ansehen und wie du Herr bleibest, sondern deine Untertanen, denen du Schutz und Hilfe schuldig bist, auf daß solch Werk in der Liebe geschehe. Denn dieweil dein ganzes Land in Gefahr steht, mußt du es wagen, ob dir Gott helfen wollte, daß nicht alles verderbt werde. Und wenn du auch nicht wehren kannst, daß etliche Witwen und Waisen darüber werden, so mußt du doch wehren, daß nicht alles zu Boden gehe und lauter Witwen und Waisen werden.

Und hierin sind die Untertanen schuldig zu folgen, Leib und Gut daranzusetzen. Denn in solchem Fall muß einer um des andern willen sein Gut und sich selbst wagen. Und in solchem Krieg ist es christlich und ein Werk der Liebe, die Feinde getrost zu würgen, zu rauben und zu brennen und alles zu tun, was (den Feinden) schädlich ist, bis man sie nach Kriegsbräuchen überwinde, nur daß man sich vor Sünden hüten, Weiber und Jungfrauen nicht schänden soll. Und wenn man sie überwunden hat, soll man denen, die sich ergeben und demütigen, Gnade und Frieden erzeigen, so daß man in solchem Fall den Spruch gelten lasse: Gott hilft dem Stärksten. Gleichwie Abraham tat, als er die vier Könige schlug, 1. Mose 14, da er freilich viel umgebracht und nicht viel Gnade erzeigt hat, bis er sie überwand. Denn solchen Fall muß man achten als von Gott zugeschickt; damit er einmal das Land reinige und böse Buben austreibe.

Wie, wenn ein Fürst unrecht hätte, ist ihm sein Volk dann auch schuldig zu folgen? Antwort: Nein. Denn gegen das Recht gebührt niemand zu tun; sondern man muß Gott (der Recht haben will) mehr gehorchen als den Menschen (Apg. 5, 29). Wie, wenn die Untertanen nicht wüßten, ob er recht hätte oder nicht? Antwort: Solange sie es nicht wissen noch durch möglichen Fleiß erfahren können, so mögen sie [278] ihm ohne Gefahr für die Seelen folgen. Denn in solchem Fall muß man das Gesetz Mose gebrauchen, 2. Mose 21, 13, da er schreibt, wie ein Mörder, der, ohne es zu wissen und ungern jemand tötet, durch Flucht in eine Freistatt und durchs Gericht losgesprochen werden soll. Denn welcher Teil hier geschlagen wird, er habe recht oder unrecht, muß es für eine Strafe von Gott aufnehmen. Welcher aber in solchem Unwissen schlägt und gewinnt, muß seine Schlacht so ansehen, als fiele jemand vom Dach und schlüge einen andern tot, und Gott die Sache anheimstellen. Denn es gilt bei Gott gleich viel, ob er dich durch einen rechten oder unrechten Herrn um dein Gut und Leib bringt. Du bist seine Kreatur, und er kanns mit dir machen, wie er will, wenn nur dein Gewissen unschuldig ist, So entschuldigt auch Gott selbst König Abimelech, 1.

Mose 20, 6, als er Abraham sein Weib nahm; nicht daß er recht daran getan hat, sondern weil er nicht gewußt hatte, daß es Abrahams Weib war.

Aufs vierte (das wohl das erste sein sollte, wovon wir auch oben geredet haben) soll sich ein Fürst gegen seinen Gott auch christlich halten, das heißt, daß er sich ihm mit ganzem Vertrauen unterwerfe und ihn um Weisheit bitte, gut zu regieren, wie Salomo tat (1. Kön. 3, 9). Aber vom Glauben und Vertrauen in Gott hab ich sonst so viel geschrieben, daß es hier nicht vonnöten ist, weiter davon zu erzählen. Deshalb wollen wirs hierbei bleiben lassen und mit der Zusammenfassung beschließen, daß ein Fürst sich in vier Richtungen wenden soll: aufs erste: zu Gott mit rechtem Vertrauen und herzlichem Gebet, aufs zweite: gegen seine Untertanen mit Liebe und christlichem Dienst, aufs dritte: gegen seine Räte und Gewaltigen mit freier Vernunft und unbefangenem Verstand, aufs vierte: gegen die Übeltäter mit bescheidenem Ernst und Strenge. So geht sein Stand auswendig und inwendig recht, der Gott und den Menschen gefallen wird. Aber er muß sich auf viel Neid und Leid deswegen gefaßt machen, das Kreuz wird solchem Vorhaben gar bald auf dem Hals liegen.

Am Ende, als eine Zugabe, muß ich hier auch denen antworten, die von der »Restitution« disputieren, das ist, vom Wiedergeben unrechten Gutes. Denn solches ist ein allgemeines Werk weltlichen Schwertes, und wird viel davon geschrieben und manch unbegründete Schärfe hierin gesucht. Aber ich wills alles in Kürze fassen und alle solche Gesetze und Schärfe, die davon gemacht sind, auf einmal verschlingen, und zwar so: Man kann hierin kein sichereres Gesetz finden als der Liebe Gesetz. Aufs erste: wenn ein solcher Handel vor dich kommt, da einer dem andern etwas wiedergeben soll: sind sie beide Christen, so ist die Sache bald entschieden; denn keiner wird dem andern das Seine vorenthalten, ebenso wirds auch keiner zurückfordern, Ist aber einer Christ, nämlich der, dem zurückgegeben werden soll, so ists abermals leicht zu entscheiden; denn er fragt nicht danach, obs ihm nimmer wieder (gegeben) werde. Desgleichen: ist der Christ, der zurückgeben soll, so wird ers auch tun. Es sei aber einer Christ oder nicht Christ, so sollst du so über das Wiedergeben urteilen: Ist der Schuldner arm und vermags nicht zurückzugeben, und der andere nicht arm, so sollst du hier der

Liebe Recht frei gehen lassen und den Schuldner lossprechen. Denn der andere ist auch noch der Liebe Recht schuldig, ihm solches nachzulassen und (ihm) noch (etwas darüber hinaus) zu geben, wenn es nötig ist. Ist aber der Schuldner nicht arm, so laß ihn zurückgeben, soviel er kann, es sei ganz, die Hälfte, den dritten oder vierten Teil, (jedenfalls so), daß du ihm dennoch ausreichend Haus, Nahrung und Kleidung für sich, sein Weib und Kind lassest. Denn solches wärest du ihm schuldig, wenn du es vermöchtest; um so viel weniger sollst du es nun nehmen, dieweil du sein nicht bedarfst und er es nicht entbehren kann.

Sind sie aber beide Unchristen, oder der eine will nicht nach der Liebe Recht richten lassen, die sollst du einen andern Richter suchen lassen und ihm ansagen, daß sie gegen Gott und natürliches Recht handeln, ob sie gleich bei Menschenrecht die strenge Schärfe erlangen. Denn die Natur lehrt, wie die Liebe tut: daß ich tun soll, was ich mir getan haben wollte. Deshalb kann ich niemand so entblößen, ein wie gutes Recht ich immer habe, wenn ich selbst nicht gern so entblößt sein wollte; sondern wie ich wollte, daß ein anderer sein Recht an mir in solchem Fall unterließe, so soll ich auch auf mein Recht verzichten.

So soll man mit allem unrechten Gut handeln, es sei heimlich oder öffentlich, daß immer die Liebe und das natürliche Recht die Oberhand habe. Denn, wo du der Liebe nach urteilst, wirst du gar leicht alle Sachen ohne alle Rechtsbücher entscheiden und richten. Wo du aber der Liebe und Natur Recht aus den Augen tust, wirst du es nimmermehr so treffen, daß es Gott gefalle, wenn du auch alle Rechtsbücher und Juristen gefressen hättest. Sondern sie werden dich nur umso mehr irremachen, je mehr du ihnen nachdenkst. Ein rechtes gutes Urteil, das muß und kann nicht aus Büchern gesprochen werden, sondern aus freiem Sinn heraus, als gäbe es kein (Gesetz)Buch. Aber solch freies Urteil gibt die Liebe und das natürliche Recht, wovon alle Vernunft voll ist. Aus den Büchern kommen überspannte und wankende Urteile.

Deshalb sollte man geschriebene Rechte niedriger als die [280] Vernunft achten, aus der sie doch als aus dem Rechtsbrunnen gequollen sind, und nicht den Brunnen an seine Flüßlein binden und die Vernunft mit Buchstaben gefangen führen.

Quelle: Luther Deutsch. Die Werke Martin Luthers. In neuer Auswahl für die Gegenwart. Herausgeben von Kurt Aland. Band 7: Martin Luther. Der Christ in der Welt. 2., erweiterte und neubearbeitete Auflage 1967. Göttingen:Ehrenfried Klotz Verlag im Verlag Vandenhoeck & Ruprecht. S. 9-51.

Über tredition

Eigenes Buch veröffentlichen

tredition wurde 2006 in Hamburg gegründet und hat seither mehrere tausend Buchtitel veröffentlicht. Autoren veröffentlichen in wenigen leichten Schritten gedruckte Bücher, e-Books und audio-Books. tredition hat das Ziel, die beste und fairste Veröffentlichungsmöglichkeit für Autoren zu bieten.

tredition wurde mit der Erkenntnis gegründet, dass nur etwa jedes 200. bei Verlagen eingereichte Manuskript veröffentlicht wird. Dabei hat jedes Buch seinen Markt, also seine Leser. tredition sorgt dafür, dass für jedes Buch die Leserschaft auch erreicht wird.

Im einzigartigen Literatur-Netzwerk von tredition bieten zahlreiche Literatur-Partner (das sind Lektoren, Übersetzer, Hörbuchsprecher und Illustratoren) ihre Dienstleistung an, um Manuskripte zu verbessern oder die Vielfalt zu erhöhen. Autoren vereinbaren direkt mit den Literatur-Partnern die Konditionen ihrer Zusammenarbeit und partizipieren gemeinsam am Erfolg des Buches.

Das gesamte Verlagsprogramm von tredition ist bei allen stationären Buchhandlungen und Online-Buchhändlern wie z. B. Amazon erhältlich. e-Books stehen bei den führenden Online-Portalen (z. B. iBookstore von Apple oder Kindle von Amazon) zum Verkauf.

Einfach leicht ein Buch veröffentlichen: **www.tredition.de**

Eigene Buchreihe oder eigenen Verlag gründen

Seit 2009 bietet tredition sein Verlagskonzept auch als sogenanntes "White-Label" an. Das bedeutet, dass andere Unternehmen, Institutionen und Personen risikofrei und unkompliziert selbst zum Herausgeber von Büchern und Buchreihen unter eigener Marke werden können. tredition übernimmt dabei das komplette Herstellungs- und Distributionsrisiko.

Zahlreiche Zeitschriften-, Zeitungs- und Buchverlage, Universitäten, Forschungseinrichtungen u.v.m. nutzen diese Dienstleistung von tredition, um unter eigener Marke ohne Risiko Bücher zu verlegen.

Alle Informationen im Internet: **www.tredition.de/fuer-verlage**

tredition wurde mit mehreren Innovationspreisen ausgezeichnet, u. a. mit dem Webfuture Award und dem Innovationspreis der Buch Digitale.

tredition ist Mitglied im Börsenverein des Deutschen Buchhandels.

Dieses Werk elektronisch lesen

Dieses Werk ist Teil der Gutenberg-DE Edition DVD. Diese enthält das komplette Archiv des Projekt Gutenberg-DE. Die DVD ist im Internet erhältlich auf **http://gutenbergshop.abc.de**

.

FSC
www.fsc.org
MIX
Papier | Fördert
gute Waldnutzung
FSC® C083411

Zeitfracht Medien GmbH
Ferdinand-Jühlke-Straße 7
99095 Erfurt, Deutschland
produktsicherheit@kolibri360.de